KB214900

욥기 2

일러두기   ● 이 교재는 《박영선의 욥기 설교》에서 채택한 본문으로 구성되었습니다.

● 이 책에서는 개역개정판 성경을 인용하였습니다.

● 성경을 인용할 때, 절의 전체를 인용한 경우에는 큰따옴표(" ")로,
절의 일부를 인용한 경우에는 작은따옴표(' ')로 표기하였습니다.

● 본문에 《 》로 표기된 것은 도서를, 〈 〉로 표기된 것은 도서 외 작품을 가리킵니다.

성경공부 시리즈 115

욥기2

2024년 3월 5일 초판 1쇄 인쇄
2024년 3월 19일 초판 1쇄 발행

지은이 박영선

기획 강선, 고의정, 박병석, 오민석, 최충만

편집 문선형, 정유진

디자인 잔

경영지원 함초아

펴낸이 최태준

펴낸곳 무근검

주소 서울특별시 송파구 올림픽로 4길 17 A동 301호

홈페이지 lampbooks.com **전화** 02 - 420 - 3155 **팩스** 02 - 419 - 8997

등록 2014. 2. 21. 제2014 - 000020호

ISBN 979 - 11 - 87506 - 99 - 7 03230

무근검은 '하나님의 영광은 무겁고 오래된 칼과 같다'라는 뜻입니다.

성경공부 시리즈 115

욥기 2

JOB 16 - 42

The Book
of JOB

박영선 지음

들어가는 말

이 책은 남포교회 구역 모임을 위한 교재입니다. 욥기 강해 설교집인《박영선의 욥기 설교》를 저본으로, 신앙생활에서 잊지 말아야 할 가르침과 교회 생활을 하며 함께 생각해 보아야 할 점들을 염두에 두고 열한 장을 가려 뽑았습니다. 욥기를 더 깊이 공부하길 원하는 분은 위의 설교집을 읽으면 도움이 될 것입니다. 이 공부를 통해 신앙의 핵심을 되새기고 더욱 풍성한 교회 생활을 누리기 바랍니다.

차례

01 욥_
하나님,
왜 나를 대적하십니까

1 욥이 대답하여 이르되 2 이런 말은 내가 많이 들었나니 너희는 다 재난을 주는 위로자들이로구나 3 헛된 말이 어찌 끝이 있으랴 네가 무엇에 자극을 받아 이같이 대답하는가 4 나도 너희처럼 말할 수 있나니 가령 너희 마음이 내 마음 자리에 있다 하자 나도 그럴 듯한 말로 너희를 치며 너희를 향하여 머리를 흔들 수 있느니라 5 그래도 입으로 너희를 강하게 하며 입술의 위로로 너희의 근심을 풀었으리라 6 내가 말하여도 내 근심이 풀리지 아니하고 잠잠하여도 내 아픔이 줄어들지 않으리라 7 이제 주께서 나를 피로하게 하시고 나의 온 집안을 패망하게 하셨나이다 8 주께서 나를 시들게 하셨으니 이는 나를 향하여 증거를 삼으심이라 나의 파

리한 모습이 일어나서 대면하여 내 앞에서 증언하리이다 **9** 그는 진노하사 나를 찢고 적대시 하시며 나를 향하여 이를 갈고 원수가 되어 날카로운 눈초리로 나를 보시고 **10** 무리들은 나를 향하여 입을 크게 벌리며 나를 모욕하여 뺨을 치며 함께 모여 나를 대적하는구나 **11** 하나님이 나를 악인에게 넘기시며 행악자의 손에 던지셨구나 **12** 내가 평안하더니 그가 나를 꺾으시며 내 목을 잡아 나를 부서뜨리시며 나를 세워 과녁을 삼으시고 **13** 그의 화살들이 사방에서 날아와 사정 없이 나를 쏨으로 그는 내 콩팥들을 꿰뚫고 그는 내 쓸개가 땅에 흘러나오게 하시는구나 **14** 그가 나를 치고 다시 치며 용사 같이 내게 달려드시니 **15** 내가 굵은 베를 꿰매어 내 피부에 덮고 내 뿔을 티끌에 더럽혔구나 **16** 내 얼굴은 울음으로 붉었고 내 눈꺼풀에는 죽음의 그늘이 있구나 **17** 그러나 내 손에는 포학이 없고 나의 기도는 정결하니라 **18** 땅아 내 피를 가리지 말라 나의 부르짖음이 쉴 자리를 잡지 못하게 하라 **19** 지금 나의 증인이 하늘에 계시고 나의 중보자가 높은 데 계시니라 **20** 나의 친구는 나를 조롱하고 내 눈은 하나님을 향하여 눈물을 흘리니 **21** 사람과 하나님 사이에와 인자와 그 이웃 사이에 중재하시기를 원하노니 **22** 수년이 지나면 나는 돌아오지 못할 길로 갈 것임이니라 **17:1** 나의 기운이 쇠하였으며 나의 날이 다하였고 무덤이 나를 위하여 준비되었구나 **2** 나를 조롱하는 자들이 나와 함께 있으므로 내 눈이 그들의 충동함을 항상 보는구나 **3** 청하건대 나에게 담보물을 주소서 나의 손을 잡아 줄 자가 누구리이까 **4** 주께서 그들의 마음을 가리어 깨닫지 못하게 하셨사오니 그들을 높이지 마소서 **5** 보상을 얻으려고 친구를 비난하는 자는 그의 자손들의 눈이 멀게 되리라 **6** 하나님이 나를 백성의 속담거리가 되게 하시니 그들이 내 얼굴에 침을 뱉는구나 **7** 내 눈은 근심 때문에 어두워지고 나의 온 지체는 그림자 같구나 **8** 정직한 자는 이로 말미암아 놀라고 죄 없는 자는 경건하지 못한 자 때문에 분을 내나니 **9** 그러므로 의인은 그 길을 꾸준히 가고 손이 깨끗한 자는 점점 힘을 얻느니라 **10** 너희는 모두 다시 올지니라 내가 너희 중에서 지혜자를 찾을 수 없느니라 **11** 나의 날이 지나갔고 내 계획, 내 마음의 소원이 다 끊어졌구나 **12** 그들은 밤으로 낮을 삼고 빛 앞에서 어둠이 가깝다 하는구나 **13** 내가 스올이 내 집이 되기를 희망하여 내 침상을 흑암에 펴놓으매 **14** 무덤에게 너는 내 아버지라, 구더기에게 너는 내 어머니, 내자매라 할지라도 **15** 나의 희망이 어디 있으며 나의 희망을 누가 보겠느냐 **16** 우리가 흙 속에서 쉴 때에는 희망이 스올의 문으로 내려갈 뿐이니라 (욥 16:1-17:16)

욥기 16장 10절의 "무리들은 나를 향하여 입을 크게 벌리며 나를 모욕하여 뺨을 치며 함께 모여 나를 대적하는구나"라는 표현은 예수님의 고난을 묘사한 구절과 매우 흡사합니다. "나를 보는 자는 다 나를 비웃으며 입술을 비쭉거리고 머리를 흔들며 말하되"(시 22:7) 하는 시편의 표현이나 십자가 위에서 터져 나온 예수님의 절규는 욥의 고백과 너무 비슷하여 놀랍습니다. "하나님이 나를 악인에게 넘기시며 행악자의 손에 던지셨구나"(욥 16:11) 하는 욥의 비명은 예수님이 지르셨던 '나의 하나님, 나의 하나님, 어찌하여 나를 버리셨나이까'(마 27:46) 하는 비명과 대구를 이룹니다.

답이 없는 고통의 의미

욥은 자신의 고난이 세상을 좇아 사느라 받게 된 것이라면 답이 있었을 텐데, 하나님이 자신을 대적하셔서 일어난 것이므로 답이 없다는 고통을 호소합니다. 이 내용이 욥기 16장입니다. 이어지는 17장에는 '그러니 죽는 게 낫다. 지금 이미 죽은 목숨이나 다를 바 없다'라는 부르짖음이 들어 있습니다. 두 장 모두 자신이 감당할 수 없는 고난 속에 있으며 답이 없는 자리에 있다는 이야기를 하는 것입니다. 하나님으로부터 외면당했기 때문에 답을 찾을 수가 없고 가장 가까운 사람도 자기 편을 안 들어 주기 때문에 변명마저 할 수 없는 처지에 있다고 합니다.

우리도 살면서 욥이 겪는 고난을 겪습니다. 어째서 인간에게 이런 고통이 있을까요? 고통에는 어떤 의미가 있을까요? 하나님이 우리를 쉽고 가벼운 존재로 목적하지 않으셨기 때문에 이런 고통이 있습니다. 신앙생활을 해 보면 알겠지만, 예수 믿는 것은 대단히 어렵습니다. 물론 우리 눈에 쉬워 보이는 사람이 있기도 하지만 말입니다. 하나님이 요구하시는 것은 그렇게 간단하지 않습니다. 그럼에도 우리는 하나님의 그런 요구를 자꾸 외면하고, 쉬운 것으로 대체하려고 합니다. 하나님의 인도하심을 외면한 채 기도나 선행 등 다른 답으로 쉽게 때운 다음 자신을 위로하고 넘어갑니다.

기독교 신앙은 그것이 주어진 공동체와 그 시대의 문화와 같이 가는 것이기 때문에, 신앙의 역사가 짧고 유산이 적으면 그만큼 신앙도 깊은 경지에 이르지 못하는 경우가 많습니다. 신앙이

꼭 깊어야만 좋은 거냐고 묻는다면, 예전에는 배고픔만 면하면 행복했는데, 이제는 배고픔을 면해도 행복하지 않는 현실을 맞닥뜨리게 되어 행복이라는 것이 그렇게 간단한 문제가 아님을 알게 되었다는 이야기로 대답해 볼 수 있습니다.

마태복음 16장을 보겠습니다. 욥기 16, 17장이 마태복음 16장의 다음 구절들에 잘 녹아 있는데, 이 둘이 어떻게 연결되는지 생각해 봅시다. 그리고 우리가 당하는 고난이 얼마나 굉장한 것인가를 확인하기 바랍니다.

> 시몬 베드로가 대답하여 이르되 주는 그리스도시요 살아 계신 하나님의 아들이시니이다 예수께서 대답하여 이르시되 바요나 시몬아 네가 복이 있도다 이를 네게 알게 한 이는 혈육이 아니요 하늘에 계신 내 아버지시니라 또 내가 네게 이르노니 너는 베드로라 내가 이 반석 위에 내 교회를 세우리니 음부의 권세가 이기지 못하리라 내가 천국 열쇠를 네게 주리니 네가 땅에서 무엇이든지 매면 하늘에서도 매일 것이요 네가 땅에서 무엇이든지 풀면 하늘에서도 풀리리라 하시고 (마 16:16-19)

여기까지는 다 좋고 만족스러운 약속입니다. 그러나 여기서 끝이 아닙니다. 이어서 더 읽어 봅시다.

> 이에 제자들에게 경고하사 자기가 그리스도인 것을 아무에게도 이르지 말라 하시니라 이 때로부터 예수 그리스도께서 자기가 예루살렘에 올라가 장로들과 대제사장들과 서기관들에

게 많은 고난을 받고 죽임을 당하고 제삼일에 살아나야 할 것을 제자들에게 비로소 나타내시니 베드로가 예수를 붙들고 항변하여 이르되 주여 그리 마옵소서 이 일이 결코 주께 미치지 아니하리이다 예수께서 돌이키시며 베드로에게 이르시되 사탄아 내 뒤로 물러 가라 너는 나를 넘어지게 하는 자로다 네가 하나님의 일을 생각하지 아니하고 도리어 사람의 일을 생각하는도다 하시고 이에 예수께서 제자들에게 이르시되 누구든지 나를 따라오려거든 자기를 부인하고 자기 십자가를 지고 나를 따를 것이니라 (마 16:20-24)

예수께서 베드로에게 천국 열쇠를 주겠다고 하십니다. '주는 그리스도시요 살아 계신 하나님의 아들이시니이다' 하는 베드로의 고백 위에 예수께서 교회를 세우시는데, 음부의 권세가 이기지 못할 것이라고 합니다. 그런데 예수님은 이 약속을 하신 다음 당신이 많은 고난을 받고 죽을 것이라고 예고합니다. 그것도 그냥 죽는 것이 아니라 하찮은 피조물들의 손에 죽임을 당할 것이라고 이야기합니다. 베드로가 펄쩍 뜁니다. "주여, 그리 마옵소서. 이 일은 주께 결단코 일어날 수 없습니다." 그러자 예수께서 이렇게 말씀하십니다. "사탄아, 물러가라."

고난으로 순종함을 배워 온전하게

예수께서는 사탄을 물리치시고 무엇을 하십니까? 십자가를 지는 일을 말씀하십니다. 십자가를 지는 일이 예수님뿐만 아니라 그를 따르는 모두에게 요구됩니다. 남을 위해서가 아니라 자신을 위하여 지는 것입니다. 예수님은 인류를 위하여 십자가를 지셨는데, 우리를 구원하기 위해서만이 아니라 하나의 모범으로도 지셨습니다. 히브리서 5장에 가서 이 점을 확인해 봅시다.

대제사장마다 사람 가운데서 택한 자이므로 하나님께 속한 일에 사람을 위하여 예물과 속죄하는 제사를 드리게 하나니 그가 무식하고 미혹된 자를 능히 용납할 수 있는 것은 자기도 연약에 휩싸여 있음이라 그러므로 백성을 위하여 속죄제를 드림과 같이 또한 자신을 위하여도 드리는 것이 마땅하니라 이 존귀는 아무도 스스로 취하지 못하고 오직 아론과 같이 하나님의 부르심을 받은 자라야 할 것이니라 또한 이와 같이 그리스도께서 대제사장 되심도 스스로 영광을 취하심이 아니요 오직 말씀하신 이가 그에게 이르시되 너는 내 아들이니 내가 오늘 너를 낳았다 하셨고 또한 이와 같이 다른 데서 말씀하시되 네가 영원히 멜기세덱의 반차를 따르는 제사장이라 하셨으니 그는 육체에 계실 때에 자기를 죽음에서 능히 구원하실 이에게 심한 통곡과 눈물로 간구와 소원을 올렸고 그의 경건하심으로 말미암아 들으심을 얻었느니라 그가 아들이시면서도 받으신 고난으로 순종함을 배워서 온전하게 되셨은즉 자기에게 순종하는 모든 자에게 영원한 구원의 근원이 되시고 하나님께 멜기세덱의 반차를 따른 대제사장이라 칭하심을 받으셨느니라
(히 5:1-10)

이 길이 바로 예수님이 걸어가신 길입니다. 욥이 걸은 길과 매우 흡사합니다. 예수 그리스도께서 하나님의 아들임에도 고난으로 순종함을 배워 온전하게 되는 그 길, 죽음을 통과해야만 이를 수 있는 부활의 승리가 기다리는 그 길을 욥이 걸었습니다. '아무든지 나를 따라오려거든 자기를 부인하고 날마다 제 십자가를 지고 나를 따를 것'(눅 9:23)이라는 말씀이 드러내는 구체적 증거가 바로 욥입니다. 우리 모두가 이 길을 통과해야 하나님의 자녀라는 영광을 가지게 됩니다.

이 영광은 하늘에서 그냥 떨어지는 것이 아니라 각자의 고난을 통과해야만 얻어집니다. 노력해서 얻는 결과라는 의미가 아닙니다. 우리 존재의 완성을 위해서는 고난이 필수라는 의미입니다. 다시 말해 '아무든지 나를 따라오려거든 자기를 부인하고 날마다 제 십자가를 지고 나를 따를 것이니라'(눅 9:23)로 가기 위해서는, '주여 그리 마옵소서'(마 16:22)라는 충정에 대하여 '사탄아 내 뒤로 물러 가라'(마 16:23)라는 배척을 받는 이 길을 반드시 통과해야만 한다는 것입니다. 그 길을 통과하기 전에 쉬운 해결책이나 가벼운 대안을 내세워 타협을 시도하는 것은 아버지의 뜻이 아니라는 말씀이 욥의 고난에 그대로 드러나 있습니다.

욥이 내몰린 자리

욥이 스스로 답을 못 찾는 이유는 그 길이 죽음을 통과해야만 하는 길이기 때문입니다. 하나님이 그를 죽음으로 내몰고 계십니다. 욥은 지금 죽음 같은 현실을 경험하고 있지만, 답을 얻을 데가 없습니다. 친구들은 그를 이해하지 못합니다. 그의 필사적인 불평이 경건을 드러내고 있다는 것을 친구들은 모릅니다. 욥도 자기가 그런 역할을 하고 있다는 것을 그때는 이해하지 못했을 것입니다. 그는 하나님 외에는 다른 답이 없음을 아는 자리로 내몰렸습니다. 그리고 그 답은 죽음을 통과해야만 하나님이 주신다는 사실을 알게 됩니다.

기독교 신앙의 신비는 우리가 알고 확인하고 문제를 해결하는 정도보다 훨씬 큽니다. 우리로서는 이해할 수 없는 것입니다. 그럼에도 성경은 이야기합니다. '하나님은 신실하시다. 하나님은 선하시다. 하나님은 우리 편이다. 그 증거는 예수다. 하나님은 우리로 속 시원한 인생을 살게 놔두지 않으신다. 우리는 우리가 소원하는 것보다 하나님이 목적하신 바가 비교할 수 없이 커서 하나님을 괜히 믿었다는 생각이 드는 현실을 살게 된다. 하나님을 안 믿었더라면 다른 것으로 때우든지 해서 어떻게든 타협하며 살았을 텐데, 하나님이 우리를 놔두지 않으셔서 무엇을 해도 안 풀리게 하신다. 하나님이 우리를 대적하여 우리에게 과녁을 겨누고 활을 쏴서 우리의 콩팥과 간이 녹아난다.'

어디에서도 쉬지 못하게 하십니다. 다른 것으로는 답을 얻지 못하게 하십니다. 우리를 하나님이 목적하신 자리에 이르도록 하기 위하여, 우리가 간단한 대체물로 만족하는 삶을 살게 놔두지 않으십니다. 하나님이 우리로 영광의 길을 걷게 하기 위해서입니다. 이 문제로 욥이 친구들과 계속 싸운 것입니다.

고난은 부끄러운 것이 아닙니다. 고난은 억울한 것도 아닙니다. 예수를 믿는다는 고백이 하나님의 자녀가 되고 구원과 영생을 얻은 유일한 증거임과 동일하게, 고난은 하나님의 자녀로 완성되는 유일한 방법이며 길입니다. 그러니 엄살떨지 마십시오. 스스로를 속이지도 마십시오. 예수를 믿고 사는데도 이상하게 힘들다는 생각이 듭니까? 당연한 것입니다. 하나님은 우리의 영혼을 마취해서 고통을 못 느끼게 하거나 편히 잠재우지 않으십니다. 쏙 업어서 날라 주지 않으십니다.

'누구든지 나를 따라오려거든 자기를 부인하고 자기 십자가를 지고 나를 따를 것이니라'(마 16:24). 이 말씀은 장렬한 맹세나 비장한 각오에 관한 이야기가 아닙니다. 하나님의 목적과 방법을 다른 것으로 대체할 수 없다는 선언입니다. 예수님이 '아들이시면서도 받으신 고난으로 순종함을 배워서 온전하게 되셨'(히 5:8-9)다는 말씀을 기억하고, 우리의 모든 억울함과 비명과 불평을 넘어 하나님의 자녀라는 명예와 자랑으로 늠름하게 살아가기 바랍니다.

질문하기

1.

우리 모두에게 욥과 같은 고통이 있는 이유는 무엇입니까?

2.

어떤 길을 통과해야 모든 사람 앞에 하나님의 자녀라는 영광을 가지게 됩니까?

3.

욥이 내몰린 자리는 어떤 자리입니까?

나누기

우리 존재의 완성을 위해 고난이 필수라면, 이 고난에 어떻게 대처하면 좋을지 함께 나누어 봅시다.

02 빌닷_
흠 없이 살면 되지 않느냐

1 수아 사람 빌닷이 대답하여 이르되 **2** 너희가 어느 때에 가서 말의 끝을 맺겠느냐 깨달으라 그 후에야 우리가 말하리라 **3** 어찌하여 우리를 짐승으로 여기며 부정하게 보느냐 **4** 울분을 터뜨리며 자기 자신을 찢는 사람아 너 때문에 땅이 버림을 받겠느냐 바위가 그 자리에서 옮겨지겠느냐 **5** 악인의 빛은 꺼지고 그의 불꽃은 빛나지 않을 것이요 **6** 그의 장막 안의 빛은 어두워지고 그 위의 등불은 꺼질 것이요 **7** 그의 활기찬 걸음이 피곤하여지고 그가 마련한 꾀에 스스로 빠질 것이니 **8** 이는 그의 발이 그물에 빠지고 올가미에 걸려들며 **9** 그의 발 뒤꿈치는 덫에 치이고 그의 몸은 올무에 얽힐 것이며 **10** 그를 잡을 덫이 땅에 숨겨져 있고 그를 빠

뜨릴 함정이 길목에 있으며 **11** 무서운 것이 사방에서 그를 놀라게 하고 그 뒤를 쫓아갈 것이며 **12** 그의 힘은 기근으로 말미암아 쇠하고 그 곁에는 재앙이 기다릴 것이며 **13** 질병이 그의 피부를 삼키리니 곧 사망의 장자가 그의 지체를 먹을 것이며 **14** 그가 의지하던 것들이 장막에서 뽑히며 그는 공포의 왕에게로 잡혀가고 **15** 그에게 속하지 않은 자가 그의 장막에 거하리니 유황이 그의 처소에 뿌려질 것이며 **16** 밑으로 그의 뿌리가 마르고 위로는 그의 가지가 시들 것이며 **17** 그를 기념함이 땅에서 사라지고 거리에서는 그의 이름이 전해지지 않을 것이며 **18** 그는 광명으로부터 흑암으로 쫓겨 들어가며 세상에서 쫓겨날 것이며 **19** 그는 그의 백성 가운데 후손도 없고 후예도 없을 것이며 그가 거하던 곳에는 남은 자가 한 사람도 없을 것이라 **20** 그의 운명에 서쪽에서 오는 자와 동쪽에서 오는 자가 깜짝 놀라리라 **21** 참으로 불의한 자의 집이 이러하고 하나님을 알지 못하는 자의 처소도 이러하니라 (욥 18:1-21)

욥기 18장에서 빌닷은, 말 안 듣는 사람과 악인은 하나님 앞에 항복하지 않은 사람이라는 전제를 가지고 이런 이야기를 합니다. '그런 사람은 망한다. 그의 처소는 흔적도 없이 사라진다. 남겨진 후손도 없다. 모든 사람이 그를 보고 놀란다.' 자꾸 이런 이야기들로 욥이 받은 재앙과 보응에 대한 무시무시한 경고를 반복합니다.

　이런 주장에 대해 우리는 어떻게 생각해야 할까요? 우리는 지금 욥의 이야기를 생중계로 보고 있는 것이 아니라 이미 결론을 아는 상태에서 이 장면을 보고 있습니다. 또한 결론에서 하나님이 세 친구가 틀렸고 욥이 옳았다고 말씀하실 것도 알고 있습니다. 그러니 이런 주장도 결론을 염두에 두고 보아야 합니다.

세상의 윤리와 다른 기독교 신앙

세 친구는 욥을 항복시키기 위하여 그들이 알고 있는 신앙 질서와 분별로 자신들의 권면이 정당함을 제시하는데, 욥에게는 그것이 전부 다 답이 되지 않습니다. 기독교 신앙과 세상의 윤리는 옳고 그름의 영역에서는 차이가 거의 없습니다. 차이가 있다면 옳게 만드는 힘에 있습니다. 세상은 옳은 것을 알고 있지만 옳게 만드는 실력을 갖고 있지는 않습니다. 기독교만이 이 실력을 갖고 있습니다. 기독교의 실력이란 바로 예수님입니다. 우리가 옳은 것을 제시하여 판단하고 상대방에게 권면할지라도 그것으로는 사람을 바꿀 수 없다는 사실을 명심해야 합니다. 예수를 믿는 자에게 옳음이란, 윤리나 도덕이나 법에 국한된 옳음이 아닙니다. 로마서 7장 14절 말씀을 보겠습니다.

> 우리가 율법은 신령한 줄 알거니와 나는 육신에 속하여 죄 아래에 팔렸도다 내가 행하는 것을 내가 알지 못하노니 곧 내가 원하는 것은 행하지 아니하고 도리어 미워하는 것을 행함이라 만일 내가 원하지 아니하는 그것을 행하면 내가 이로써 율법이 선한 것을 시인하노니 이제는 그것을 행하는 자가 내가 아니요 내 속에 거하는 죄니라 (롬 7:14-17)

많이 오해되는 구절입니다. 우리는 이 구절을, 내 속에 선과 악이 늘 엎치락뒤치락하다가 결국에는 언제나 악이 이긴다는 말씀으로 생각합니다. 그런데 그런 말씀이 아닙니다. 우리에게 선악을 분별하는 지식은 있으나 선을 행할 능력은 없다는 말씀입니다. 지식이 바로 능력이 되지는 않습니다. 선악을 분별하는 지식과 도덕이 필요 없다는 이야기가 아닙니다. 아는 것이 자기가 실제로 이를 수 있는 경지를 증명하는 것은 아니더라는 말입니다. 옳은 것으로 상대방을 설득한다고 해도 그 옳은 것을 할 수 있는 능력이 인간에게 없다는 사실을 알아야 합니다. 이 모든 일에는 은혜가 필요합니다.

기독교 신앙인이 된다는 것은 옳을 뿐만 아니라 옳게 살 수 있는 힘을 갖게 된다는 것인데, 이 힘은 하나님이 예수 안에서 성령 하나님의 임재를 통해서만 허락하시는 특권입니다. "우리 주 예수 그리스도로 말미암아 하나님께 감사하리로다 그런즉 내 자신이 마음으로는 하나님의 법을 육신으로는 죄의 법을 섬기노라"(롬 7:25). 이전까지는 알면서도 할 수 없었던 것이 예수 그리스도로 말미암아 할 수 있게 바뀐다고 합니다.

그렇다면 예수로 말미암아 바뀐 것이 무엇입니까? 8장 1절 이하를 봅시다. "그러므로 이제 그리스도 예수 안에 있는 자에게는 결코 정죄함이 없나니 이는 그리스도 예수 안에 있는 생명의 성령의 법이 죄와 사망의 법에서 너를 해방하였음이라"(롬 8:1-2). 율법이 그리스도 안에 있는 생명의 성령의 법과 다른 점은 무엇입니까? 율법은 비인격적인 것이고 예수 안에 있는 성령의 법은 인격적인 것입니다. 이 점이 다릅니다.

우리는 규칙에 매여 있는 자가 아니라 어떤 존재에 붙들려 있는 자입니다. 이것이 기독교입니다. 그런데 우리는 기독교를 자꾸 법칙으로 바꾸려고 합니다. 믿음의 식구들에게 충고하고 격

려할 때 법칙을 동원하지 말고 그 법칙을 주관하고 계시는 성령의 손을 붙잡고 인격적으로 대해 주어야 합니다.

흠잡히지 않는 것이 전부가 아니다

욥기 18장에서 빌닷이 여러 번 강조한 표현이 있습니다. "악인의 빛은 꺼지고 그의 불꽃은 빛나지 않을 것이요 그의 장막 안의 빛은 어두워지고 그 위의 등불은 꺼질 것이요"(욥 18:5-6). 이와 비슷한 표현이 14절 이하에 나옵니다.

> 그가 의지하던 것들이 장막에서 뽑히며 그는 공포의 왕에게로 잡혀가고 그에게 속하지 않은 자가 그의 장막에 거하리니 유황이 그의 처소에 뿌려질 것이며 밑으로 그의 뿌리가 마르고 위로는 그의 가지가 시들 것이며 그를 기념함이 땅에서 사라지고 거리에서는 그의 이름이 전해지지 않을 것이며 그는 광명으로부터 흑암으로 쫓겨 들어가며 세상에서 쫓겨날 것이며
> (욥 18:14-18)

평소에 친구끼리 하는 말로 표현해 보면, '너, 내 말 안 들으려면 지구에서 떠나라' 하는 이야기입니다. 우리는 마음에 안 드는 사람을 보면 '저 인간은 왜 사나' 하고 생각하는데, 마태복음 25장에 가면 이런 식의 반응에 대하여 놀라운 비유를 들어 답합니다. 달란트 비유입니다.

한 달란트 받았던 자는 와서 이르되 주인이여 당신은 굳은 사람이라 심지 않은 데서 거두고 헤치지 않은 데서 모으는 줄을 내가 알았으므로 두려워하여 나가서 당신의 달란트를 땅에 감추어 두었었나이다 보소서 당신의 것을 가지셨나이다 그 주인이 대답하여 이르되 악하고 게으른 종아 나는 심지 않은 데서 거두고 헤치지 않은 데서 모으는 줄로 네가 알았느냐 그러면 네가 마땅히 내 돈을 취리하는 자들에게나 맡겼다가 내가 돌아와서 내 원금과 이자를 받게 하였을 것이니라 하고 그에게서 그 한 달란트를 빼앗아 열 달란트 가진 자에게 주라 무릇 있는 자는 받아 풍족하게 되고 없는 자는 그 있는 것까지 빼앗기리라 (마 25:24-29)

엄청난 이야기를 하고 있습니다. 이 비유의 핵심은 이윤을 남겨야 한다는 것이 아닙니다. 한 달란트를 감춘 자는 이렇게 변명합니다. '당신은 굳은 사람이라 심지 않은 데서 거두고 헤치지 않은 데서 모으는 줄을 내가 알았으므로'(마 25:24). 두려워서 감춰 놓았다고 합니다. 달란트를 감춰 둔 이유가 흠잡히지 않고 욕먹지 않기 위해서였다고 합니다. 빌닷의 조언이 이와 같습니다. '악한 자들은 지구에서 떠나라. 욕먹을 짓 하지 말고, 오해받을 짓 하지 말고, 실패하지 말고, 늘 정당하게 살아서 누가 언제 뭐라고 하든지 떳떳한 사람이 되라'라고 하는 것입니다.

이 같은 요구에 맞서 성경은 인생이 그렇게 간단하지 않다고 이야기합니다. 한 달란트를 받은 자는 그가 맡은 돈보다 그것을 맡긴 주인과의 관계를 우선해야 했다는 것이 이 비유의 핵심입니다. "네가 주인을 그렇게 박절한 사람으로 이해했더냐? 그렇다면 은행에 맡겨 이자라도 찾게 하지 왜 감춰 두었단 말이냐?" 주인의 말은 이런 뜻입니다. '나는 너를 믿었거늘 너는 나와의 관계를 아무것도 아닌 것으로 여겼다. 너는 다만 나에게 욕을 안 먹으려고 내가 맡긴 것을 감춰 두었다가 고스란히 돌려주는 것으로 네 책임을 다했다고 한다. 나와의 관계를 그렇게밖에는 이해하지 못한 것이다. 그렇다면 너는 나와 아무런 관계가 없는 자다.' 그는 자신이 맡은 돈보다 그것을 맡긴 주인이 어떤 사람인지 먼저 깨달았어야 했다는 것입니다. 그러면 '무릇 있는 자는 받아 풍족하게' 된다는 말은 무슨 뜻일까요? 자신과 하나님과의 관계를 예수 안에서 이해하라는 것입니다.

무릇 있는 자는 받아 풍족하게 되고

우리는 가장 깊은 곳으로, 세상이 할 수 없는 일을 하는 데까지 부름을 받고 있습니다. 그 삶은 갈등과 실패 속에서도 감사가 터지는 삶입니다.

우리 인생의 소망이 다만 아무런 흠도 없고 욕을 안 먹는 것이 전부라면 우리는 견고한 실존으로 설 수 없습니다. 자기 삶을 온전히 살지 못하게 됩니다. 한 달란트를 땅에 파묻은 종에 불과하게 되는 것입니다. 우리는 그런 생으로 부름받지 않았습니다. 욥이 끌려가는 답이 없는 자리, 모든 설명과 이해와 경험을 가져와도 답이 없는 자리까지 들어가게 되는 것을 누가 풀겠습니까?

하나님이 푸실 것입니다. 하나님은 결국 우리를 복으로 끌고 가십니다. 이것이 기독교 신앙이라고 욥기가 말하고 있습니다.

하나님은 우리를 감동시키고 설득하시려고 예수를 보내신 것이 아닙니다. 하나님은 우리를 위하여 예수를 죽이십니다. 우리는 겁이 나서 그 자리까지 못 가고 멀찍이 서 있습니다. 아니, 도망가는 제자들과 같은 자리에 있습니다. 그러나 하나님은 인간에게 기꺼이 당신의 목숨을 맡기셨고 우리 역시 그 자리로 부르셨습니다. 그러니 그 자리까지 가야 합니다. 하나님이 부르시는 자리까지 말입니다. 그 길은 고통스럽고 우리 홀로 감당할 수 없는 길입니다. 그러나 우리는 지금 "무릇 있는 자는 받아 풍족하게 되고 없는 자는 그 있는 것까지 빼앗기리라"(마 25:29) 하는 말씀 앞에 서 있습니다. 이제 어떻게 하시겠습니까?

시험을 받기 전의 욥과 시험을 통과한 욥은 그 경지가 다릅니다. 예수를 믿는다는 말이 가지는 엄청난 경지입니다. 그러니 순종하고 각오하고 기도하십시오. 인생을 대강대강 살 생각은 빨리 걷어치우고, 하나님의 사랑이 지닌 엄청난 과정을 통과하여 기쁨과 충만과 영광을 함께 나누는 자리에 이르기를 바랍니다.

질문하기

1.

기독교 신앙이 세상의 윤리와 다른 점은 무엇입니까?

_____

2.

빌닷은 욥에게 뭐라고 조언합니까?

_____

3.

달란트 비유에서, 한 달란트를 받은 자는 그가 맡은 돈보다 무엇
을 우선해야 했습니까?

_____

나누기

기독교 신앙인으로서 옳게 살 수 있는 특권을 누려 본 적이 있
다면 나누어 봅시다.

03 욥_
현실에서는
악인이 형통하지 않더냐

1 욥이 대답하여 이르되 **2** 너희는 내 말을 자세히 들으라 이것이 너희의 위로가 될 것이니라 **3** 나를 용납하여 말하게 하라 내가 말한 후에 너희가 조롱할지니라 **4** 나의 원망이 사람을 향하여 하는 것이냐 내 마음이 어찌 조급하지 아니하겠느냐 **5** 너희가 나를 보면 놀라리라 손으로 입을 가리리라 **6** 내가 기억하기만 하여도 불안하고 두려움이 내 몸을 잡는구나 **7** 어찌하여 악인이 생존하고 장수하며 세력이 강하냐 **8** 그들의 후손이 앞에서 그들과 함께 굳게 서고 자손이 그들의 목전에서 그러하구나 **9** 그들의 집이 평안하여 두려움이 없고 하나님의 매가 그들 위에 임하지 아니하며 **10** 그들의 수소는 새끼를 배고 그들의 암소는 낙태하는 일

이 없이 새끼를 낳는구나 **11** 그들은 아이들을 양 떼 같이 내보내고 그들의 자녀들은 춤추는구나 **12** 그들은 소고와 수금으로 노래하고 피리 불어 즐기며 **13** 그들의 날을 행복하게 지내다가 잠깐 사이에 스올에 내려가느니라 **14** 그러할지라도 그들은 하나님께 말하기를 우리를 떠나소서 우리가 주의 도리 알기를 바라지 아니하나이다 **15** 전능자가 누구이기에 우리가 섬기며 우리가 그에게 기도한들 무슨 소용이 있으랴 하는구나 **16** 그러나 그들의 행복이 그들의 손 안에 있지 아니하니 악인의 계획은 나에게서 멀구나 **17** 악인의 등불이 꺼짐과 재앙이 그들에게 닥침과 하나님이 진노하사 그들을 곤고하게 하심이 몇 번인가 **18** 그들이 바람 앞에 검불 같이, 폭풍에 날려가는 겨 같이 되었도다 **19** 하나님은 그의 죄악을 그의 자손들을 위하여 쌓아 두시며 그에게 갚으실 것을 알게 하시기를 원하노라 **20** 자기의 멸망을 자기의 눈으로 보게 하며 전능자의 진노를 마시게 할 것이니라 **21** 그의 달 수가 다하면 자기 집에 대하여 무슨 관계가 있겠느냐 **22** 그러나 하나님께서는 높은 자들을 심판하시나니 누가 능히 하나님께 지식을 가르치겠느냐 **23** 어떤 사람은 죽도록 기운이 충실하여 안전하며 평안하고 **24** 그의 그릇에는 젖이 가득하며 그의 골수는 윤택하고 **25** 어떤 사람은 마음에 고통을 품고 죽으므로 행복을 맛보지 못하는도다 **26** 이 둘이 매 한 가지로 흙 속에 눕고 그들 위에 구더기가 덮이는구나 **27** 내가 너희의 생각을 알고 너희가 나를 해하려는 속셈도 아노라 **28** 너희의 말이 귀인의 집이 어디 있으며 악인이 살던 장막이 어디 있느냐 하는구나 **29** 너희가 길 가는 사람들에게 묻지 아니하였느냐 그들의 증거를 알지 못하느냐 **30** 악인은 재난의 날을 위하여 남겨둔 바 되었고 진노의 날을 향하여 끌려가느니라 **31** 누가 능히 그의 면전에서 그의 길을 알려 주며 누가 그의 소행을 보응하랴 **32** 그를 무덤으로 메어 가고 사람이 그 무덤을 지키리라 **33** 그는 골짜기의 흙덩이를 달게 여기리니 많은 사람들이 그보다 앞서 갔으며 모든 사람이 그의 뒤에 줄지었느니라 **34** 그런데도 너희는 나를 헛되이 위로하려느냐 너희 대답은 거짓일 뿐이니라 (욥 21:1-34)

욥기의 시작에서 보았듯, 사탄은 인과 관계를 말하고 있습니다. 하나님이 잘해 주니까 욥이 경건한 믿음으로 하나님에게 보답해 드리고 있다는 것입니다. 하나님이 잘해 주지 않으면 욥은 절대로 경건하게 살지 않을 것이라는 이야기입니다. 그래서 사탄이 욥을 허물어 보자고 도전하는데 하나님이 응하십니다. 인과 관계의 틀을 깨트리기로 하신 것입니다. 욥은 '까닭 없이' 가축들을 빼앗기고 집이 무너지고 자녀들이 죽고 자신은 병에 걸리게 됩니다.

인과 관계로는 설명할 수 없는

'까닭 없이'라는 말은 '인과 관계의 법칙에서 원인에 해당하는 것들이 다 제거되더라도'라는 의미입니다. 이제 원인 모를 일들이 일어납니다. 사탄은 원인을 제거하면 하나님과 인간의 관계가 깨어지고 하나님의 존재와 인간의 존재에 따른 지위가 근거를 잃게 되리라고 기대한 것입니다. 그러나 인과 관계가 깨어져도 다른 어떤 신비한 무엇이, 인과 관계로 맺어진 관계보다 더 깊은 관계로 욥을 인도합니다.

욥기 21장에서 우리는 인과 관계만으로는 설명할 수 없는 세상을 보았습니다. 또 선인의 인생과 악인의 인생과 그 결말도 보았습니다. 그런데 이런 현실에 대한 불만 때문에 오히려 우리가 기대하는 것보다 더 신비한 관계로, 인과 관계로는 담을 수 없는 더 깊은 관계로 하나님이 우리를 부르고 있다는 욥기의 증언 앞에 서게 되었습니다. 시편 73편을 보면 욥기 21장과 유사한 말씀이 나옵니다.

> 하나님이 참으로 이스라엘 중 마음이 정결한 자에게 선을 행하시나 나는 거의 넘어질 뻔하였고 나의 걸음이 미끄러질 뻔하였으니 (시 73:1-2)

이 말씀에는 굉장한 내용이 들어 있습니다. 악인들은 형통하고 그들이 소원하는 것보다 더 좋은 결과를 얻는 현실을 보며 아삽이 지은 시입니다. "나는 거의 넘어질 뻔하였고 나의 걸음이 미끄러질 뻔하였으니"(시 73:2). 이어서 10절부터 보겠습니다.

> 그러므로 그의 백성이 이리로 돌아와서 잔에 가득한 물을 다

마시며 말하기를 하나님이 어찌 알랴 지존자에게 지식이 있으랴 하는도다 볼지어다 이들은 악인들이라도 항상 평안하고 재물은 더욱 불어나도다 내가 내 마음을 깨끗하게 하며 내 손을 씻어 무죄하다 한 것이 실로 헛되도다 나는 종일 재난을 당하며 아침마다 징벌을 받았도다 내가 만일 스스로 이르기를 내가 그들처럼 말하리라 하였더라면 나는 주의 아들들의 세대에 대하여 악행을 행하였으리이다 내가 어쩌면 이를 알까 하여 생각한즉 그것이 내게 심한 고통이 되었더니 하나님의 성소에 들어갈 때에야 그들의 종말을 내가 깨달았나이다 (시 73:10-17)

아삽이 성전에 들어가서 깨달은 것은 무엇일까요? 정확히는 모르지만 우리는 그가 깨달은 내용이 성경 전체에서 강조하는 주제와 일치한다고 추정해 볼 수 있습니다.

시편 73편은 뒤에서 더 보기로 하고 먼저 로마서 3장을 봅시다. 욥기 21장과 연결해서 읽어 보면 이 말씀이 새로운 의미로 와닿을 것입니다. "이제는 율법 외에 하나님의 한 의가 나타났으니 율법과 선지자들에게 증거를 받은 것이라 곧 예수 그리스도를 믿음으로 말미암아 모든 믿는 자에게 미치는 하나님의 의니 차별이 없느니라"(롬 3:21-22). 욥기 식으로 설명하면, '율법 외에'라는 것은 '인과 관계가 아닌 다른 법칙으로'라는 뜻입니다. 다른 법칙이라는 것은 '믿음으로 되는 법칙'을 말합니다.

믿음이란 인과 관계로 설명되는 법칙이 아니라 인격과 인격이 만나 누리는 신뢰입니다. 믿음이라는 것은 단어 자체에서 짐작되듯이 확실한 실체가 아닙니다. 믿음은 이해관계나 논리적,

기계적 관계보다 더 고급한, 존재 간에 이루어지는 인격적인 그 무엇입니다. 옳으면 상을 주고 틀리면 벌을 주는 것과는 비교할 수 없이 깊은 것입니다. 찬송가 가사 중에 이런 내용이 있습니다. '구주를 생각만 해도 이렇게 좋거든.' 바로 이런 것입니다. 생각만 해도 좋은 것입니다. '내 기도에 응답하시면'이 아니라 '나에게 복을 주시면'이 아니라, '구주를 생각만 해도'입니다. 기가 막힌 표현입니다. 주께서 나에게 베푸신 것은 다만 기계적인 보상이 아니라는 것입니다. 하나님의 하나님 되심과 하나님의 일하심에 대한 항복이 이런 가사로 터져 나오는 것입니다.

비로소 인과 관계를 넘어서게 된 욥

하나님과 우리의 인격적 관계를 잘 드러내 주는 말씀이 있습니다. "모든 사람이 죄를 범하였으매 하나님의 영광에 이르지 못하더니 그리스도 예수 안에 있는 속량으로 말미암아 하나님의 은혜로 값 없이 의롭다 하심을 얻은 자 되었느니라"(롬 3:23-24). 여기서 말하는 '의롭다'는 말은 '옳다'는 의미가 아니라, 관계의 정상화를 뜻합니다. 하나님과의 회복된 관계를 말하는데, 이는 사랑하는 사람들 사이에서 볼 수 있는 모습입니다. 사랑하는 사람들을 관찰해 보면, 서로 죽고 못 삽니다. 서로에 대한 생각을 잠시도 중단할 수 없습니다. 상대가 특별히 뭘 잘해 주어서가 아니라 그냥 존재만으로 모든 소망과 기쁨과 열심을 가지게 되는 것입니다.

성경은 하나님의 의, 하나님의 구원, 하나님의 뜻, 하나님의 예정, 하나님의 복을 예수 그리스도를 통해 드러냅니다. 이 모든 것이 예수 안에서의 약속의 성취와 완성으로 나타나는 것입니다. 욥은 이제 이 길로 인도되어 가는 중입니다. 자신이 기대하고 이해하던 원인과 결과의 법칙을 뛰어넘는 하나님의 찾아오심과 요구하심 앞에 그는 비명을 지르고 혼란 속에 빠졌으나 그로 인해 결국 인과 관계를 넘어설 수 있게 됩니다. 인생에 왜 고난이 있냐는 물음에 대해 성경은 이런 이유를 제시합니다. 로마서 말씀을 보면 '이 예수를 하나님이 그의 피로써 믿음으로 말미암는 화목제물로 세우셨으니 이는 하나님께서 길이 참으시는 중에 전에 지은 죄를 간과하심으로 자기의 의로우심을 나타내려 하심'(롬 3:25)이라고 합니다. 전에 지은 죄를 길이 참으셨다고 합니다. 하나님이 우리를 위하여 오랜 시간을 허락하셨다는 뜻입니다.

오래 참으시고 마침내 해결하셨습니다. 예수의 죽으심, 그의 피로 말미암는 화목 제물로 이루신 해결입니다. 인간적 표현으로 하자면, 하나님은 당신의 목숨을 거는 방식으로 관계의 정상화를 요구하신 것입니다. 우리가 죽어 나가는 것과 같은 방법입니다. 그 정상화는 부정적인 데서 겨우 본전이라도 건지는 정도가 아니라, '정상'이라는 말이 가진 영광과 지극함이 회복되는 것을 말합니다. 하나님이 이미 기뻐하시고 사랑하신 우리가 이제 그의 창조의 영광이 되고 찬송이 되는 그러한 관계의 정상화입니다. 이 일을 예수의 고난과 죽음을 통과하는 방식, 예수를 십자가에 못 박는 방법으로 이루십니다. 다른 방법으로는 이 일을 하지 않겠다고 하나님이 결심하셨습니다. 그래서 악당들을 다 쓸어버리고 말 잘 듣는 새 백성을 창조하는 쉬운 방법으로 일하지 않으신 것입니다.

하나님은 이전에 우리가 지은 죄를 간과하시고 오래 참으셨습니다. 그래서 우리가 저지른 죄로 말미암은 비참한 인생을 우리에게 살게 하는 방법으로, 하나님의 아들이 이 땅에 오셔서 죄인들의 손에 죽으시는 방법, 곧 그의 피로 화목 제물을 삼으시는 방법으로 이 관계의 정상화를 이루셨습니다. 하나님은 이렇게 하나님과 우리의 놀라운 관계를 완성하기로 작정하시고 마침내 성취하신 것입니다. 그래서 로마서 8장에 이 말씀이 나옵니다. 15절부터 봅시다.

> 너희는 다시 무서워하는 종의 영을 받지 아니하고 양자의 영을 받았으므로 우리가 아빠 아버지라고 부르짖느니라 성령이 친히 우리의 영과 더불어 우리가 하나님의 자녀인 것을 증언하시나니 자녀이면 또한 상속자 곧 하나님의 상속자요 그리스도와 함께 한 상속자니 우리가 그와 함께 영광을 받기 위하여 고난도 함께 받아야 할 것이니라 (롬 8:15-17)

이 영광은 고난을 통해서만 도달하는 영광이라고 못 박고 있습니다. 쉬운 길로 얻는 영광, 만사형통 정도의 영광과는 차원이 다른 것입니다. 여기가 기독교 신앙의 놀라운 대목입니다. 어떤 신이 자기를 경배하고 자기 앞에 나와 도움을 구하는 인간을 위하여 대신 죽겠습니까. 인간의 손에 죽임을 당하는 신이 대체 어디 있습니까. 오직 기독교뿐입니다. 이 방법을 통하여 우리의 하나님이 되시고 우리와 관계를 회복하시겠다는 하나님, 이 방법으로만 우리를 당신의 자녀로 받아들이겠다는 하나님입니다.

고난을 통해 고귀한 자리로

시편 73편으로 돌아가 봅시다. 앞에서 그토록 불평을 늘어놓던 아삽이 이제 하나님의 성소에 들어가 그들의 종말을 깨닫습니다. 하나님의 일하심을 깨닫자 시의 후반부가 달라집니다. 18절부터 봅시다.

주께서 참으로 그들을 미끄러운 곳에 두시며 파멸에 던지시니 그들이 어찌하여 그리 갑자기 황폐되었는가 놀랄 정도로 그들은 전멸하였나이다 주여 사람이 깬 후에는 꿈을 무시함 같이 주께서 깨신 후에는 그들의 형상을 멸시하시리이다 내 마음이 산란하며 내 양심이 찔렸나이다 내가 이같이 우매 무지함으로 주 앞에 짐승이오나 내가 항상 주와 함께 하니 주께서 내 오른손을 붙드셨나이다 (시 73:18-23)

시인은 자신을 짐승이라고 칭합니다. 짐승은 본능에 따라 움직이는 존재입니다. 배부르면 그만인 자신은 그 정도로밖에 하나님을 이해하지 못했음을 비로소 깨닫습니다. 이렇게 자신의 참모습을 발견한 시인은 이제 하나님의 붙드심을 발견하고 하나님에게로 눈을 돌립니다.

> 주의 교훈으로 나를 인도하시고 후에는 영광으로 나를 영접하
> 시리니 하늘에서는 주 외에 누가 내게 있으리요 땅에서는 주 밖
> 에 내가 사모할 이 없나이다 내 육체와 마음은 쇠약하나 하나님
> 은 내 마음의 반석이시요 영원한 분깃이시라 무릇 주를 멀리하
> 는 자는 망하리니 음녀 같이 주를 떠난 자를 주께서 다 멸하셨
> 나이다 하나님께 가까이 함이 내게 복이라 내가 주 여호와를 나
> 의 피난처로 삼아 주의 모든 행적을 전파하리이다 (시 73:24-28)

어떤 행적을 전파하겠다는 것입니까? 하나님의 일하심의 진정
성, 그 맹렬함, 그의 측량할 수 없는 목적입니다. '내가 너를 사
랑하노라. 나는 너희의 하나님이 되고 너희는 내 백성이 될 것
이라. 내가 너를 만들었고 네 필요를 안다. 너를 위하여 내 아들
까지 주었다. 나는 네 하나님 아버지다.' 우리를 향한 하나님의
마음입니다. 하나님의 이런 마음과 행적을 시편 기자가 전파하
겠다는 것입니다.

한 인간과 영혼을 만족시키시고 이렇게 높은 자리로 부르시
는 하나님입니다. 예수 그리스도로 우리를 찾아오신 하나님입
니다. 그러니 각자의 생애를 귀히 여기십시오. 예수의 생애가
우리가 이해할 수 없는 생애였으나 전 인류와 역사와 우주에서
가장 중요한 생애였던 것처럼, 우리의 생애 또한 그 아들을 보
내신 하나님이 열심과 능력으로 붙드시는 생애임을 기억해야
합니다.

질문하기

1.

사탄이 한 '까닭 없이'라는 말을 설명해 봅시다.

2.

믿음은 인과 관계로 설명되는 법칙이 아닌 무엇입니까?

3.

하나님이 요구하시는 '정상화'를 설명해 봅시다.

나누기

욥과 같이 하나님의 마음과 행적을 실감한 경험이 있다면 나누어 봅시다.

04 빌닷과 욥_
하나님의 높으심을
달리 말하다

1 수아 사람 빌닷이 대답하여 이르되 2 하나님은 주권과 위엄을 가지셨고 높은 곳에서 화평을 베푸시느니라 3 그의 군대를 어찌 계수할 수 있으랴 그가 비추는 광명을 받지 않은 자가 누구냐 4 그런즉 하나님 앞에서 사람이 어찌 의롭다 하며 여자에게서 난 자가 어찌 깨끗하다 하랴 5 보라 그의 눈에는 달이라도 빛을 발하지 못하고 별도 빛나지 못하거든 6 하물며 구더기 같은 사람, 벌레 같은 인생이랴 26:1 욥이 대답하여 이르되 2 네가 힘 없는 자를 참 잘도 도와 주는구나 기력 없는 팔을 참 잘도 구원하여 주는구나 3 지혜 없는 자를 참 잘도 가르치는구나 큰 지식을 참 잘도 자랑하는구나 4 네가 누구를 향하여 말

하느냐 누구의 정신이 네게서 나왔느냐 **5** 죽은 자의 영들이 물 밑에서 떨며 물에서 사는 것들도 그러하도다 **6** 하나님 앞에서는 스올도 벗은 몸으로 드러나며 멸망도 가림이 없음이라 **7** 그는 북쪽을 허공에 펴시며 땅을 아무것도 없는 곳에 매다시며 **8** 물을 빽빽한 구름에 싸시나 그 밑의 구름이 찢어지지 아니하느니라 **9** 그는 보름달을 가리시고 자기의 구름을 그 위에 펴시며 **10** 수면에 경계를 그으시니 빛과 어둠이 함께 끝나는 곳이니라 **11** 그가 꾸짖으신즉 하늘 기둥이 흔들리며 놀라느니라 **12** 그는 능력으로 바다를 잔잔하게 하시며 지혜로 라합을 깨뜨리시며 **13** 그의 입김으로 하늘을 맑게 하시고 손으로 날렵한 뱀을 무찌르시나니 **14** 보라 이런 것들은 그의 행사의 단편일 뿐이요 우리가 그에게서 들은 것도 속삭이는 소리일 뿐이니 그의 큰 능력의 우렛소리를 누가 능히 헤아리랴 **27:1** 욥이 또 풍자하여 이르되 **2** 나의 정당함을 물리치신 하나님, 나의 영혼을 괴롭게 하신 전능자의 사심을 두고 맹세하노니 **3** (나의 호흡이 아직 내 속에 완전히 있고 하나님의 숨결이 아직도 내 코에 있느니라) **4** 결코 내 입술이 불의를 말하지 아니하며 내 혀가 거짓을 말하지 아니하리라 **5** 나는 결코 너희를 옳다 하지 아니하겠고 내가 죽기 전에는 나의 온전함을 버리지 아니할 것이라 **6** 내가 내 공의를 굳게 잡고 놓지 아니하리니 내 마음이 나의 생애를 비웃지 아니하리라 **7** 나의 원수는 악인 같이 되고 일어나 나를 치는 자는 불의한 자 같이 되기를 원하노라 **8** 불경건한 자가 이익을 얻었으나 하나님이 그의 영혼을 거두실 때에는 무슨 희망이 있으랴 **9** 환난이 그에게 닥칠 때에 하나님이 어찌 그의 부르짖음을 들으시랴 **10** 그가 어찌 전능자를 기뻐하겠느냐 항상 하나님께 부르짖겠느냐 **11** 하나님의 솜씨를 내가 너희에게 가르칠 것이요 전능자에게 있는 것을 내가 숨기지 아니하리라 **12** 너희가 다 이것을 보았거늘 어찌하여 그토록 무익한 사람이 되었는고 **13** 악인이 하나님께 얻을 분깃, 포악자가 전능자에게서 받을 산업은 이것이라 **14** 그의 자손은 번성하여도 칼을 위함이요 그의 후손은 음식물로 배부르지 못할 것이며 **15** 그 남은 자들은 죽음의 병이 돌 때에

묻히리니 그들의 과부들이 울지 못할 것이며 **16** 그가 비록 은을 티끌 같이 쌓고 의복을 진흙 같이 준비할지라도 **17** 그가 준비한 것을 의인이 입을 것이요 그의 은은 죄 없는 자가 차지할 것이며 **18** 그가 지은 집은 좀의 집 같고 파수꾼의 초막 같을 것이며 **19** 부자로 누우려니와 다시는 그렇지 못할 것이요 눈을 뜬즉 아무것도 없으리라 **20** 두려움이 물 같이 그에게 닥칠 것이요 폭풍이 밤에 그를 앗아갈 것이며 **21** 동풍이 그를 들어 올리리니 그는 사라질 것이며 그의 처소에서 그를 몰아내리라 **22** 하나님은 그를 아끼지 아니하시고 던져 버릴 것이니 그의 손에서 도망치려고 힘쓰리라 **23** 사람들은 그를 바라보며 손뼉치고 그의 처소에서 그를 비웃으리라 (욥 25:1-27:23)

세 친구의 지적은 동일합니다. 잘못하지 않고서는 어려운 일이 생길 수 없다는 인과응보에 근거한 지적입니다. 이는 성경에도 나와 있는 중요한 원칙 중 하나이며, 이 원칙을 통해 하나님의 한 속성인 공의로우심이 드러납니다.

영혼을 뚫고 들어오신 하나님

욥기는 하나님이 지니신 속성인 하나님의 무한하심과 지극하심을 보여 줍니다. 성경에 나타난 하나님의 공의로우심과 무한하심, 이 두 속성을 우리로서는 어떤 한 단어에 담을 수 없기 때문에 그를 '거룩하신 하나님'이라고 부릅니다. '거룩함'에는 '구별되다'라는 뜻이 전제되어 있습니다. 누구와도 비교될 수 없는 하나님이신 것입니다. 인간과 비교할 수 없고 다른 어떤 개념으로도 논할 수 없는 하나님의 속성입니다. 우리 생각을 넘어 계시는 하나님입니다. 그래서 거룩하신 하나님입니다. 이것은 다만 도덕적인 차원에 관한 문제가 아닙니다.

25장에 나오는 빌닷의 꾸중을 비롯해서 지금까지 반복된 세 친구의 충고는 이런 내용이었습니다. '너는 잘못한 일이 있기 때문에 지금 고난을 당하고 있는 것이다. 하나님이 얼마나 높으신 분인가 보라. 만일 네가 잘못하지 않았는데도 고난을 당하고 있다고 한다면, 하나님이 하시는 통치에 실수가 있거나 하나님의 힘이 미치지 못한 영역이 있다는 말인데, 그게 말이 되느냐?'

이에 대해 욥은 26장에서 이렇게 대답합니다. '나도 하나님이 잘못하셨다고는 생각하지 않는다. 그러나 내가 당한 일은 인과응보의 법칙으로 설명되지 않는다. 하나님이 얼마나 높으신지는 나도 잘 안다. 하나님은 능력으로 바다를 잠잠하게 하시고, 지혜로 라합을 깨뜨리시고, 입김으로 하늘을 맑게 하시고, 손으로 날렵한 뱀을 무찌르신다. 이렇게 전지전능하시고 무한하신 하나님이 지금 내게 일하고 계신다. 너희 일이 아니라고 그렇게 입바른 소리하지 마라. 나는 지금 천둥같이 달려드는 일을 당하고 있다. 벼락을 맞는 것 같다. 하나님은 내가 아는 그 하나님이실 텐데, 지금 내가 당하는 일을 나는 설명할 수가 없다.'

그래서 27장에 욥의 이런 맹세가 나옵니다. "욥이 또 풍자하여 이르되 나의 정당함을 물리치신 하나님, 나의 영혼을 괴롭게 하신 전능자의 사심을 두고 맹세하노니 나의 호흡이 아직 내 속에 완전히 있고 하나님의 숨결이 아직도 내 코에 있느니라 결코 내 입술이 불의를 말하지 아니하며 내 혀가 거짓을 말하지 아니하리라"(욥 27:1-4). 욥의 맹세는 이런 뜻입니다. '너희가 이해하지 못하듯이 나도 이해하지 못한다. 그러나 하나님의 전능하심과 완전하심과 의로우심이 분명한 것처럼, 나에게 일어난 일도 하나님 외에는 누구도 할 수 없는 일이다. 이것은 결코 거짓말이 아니다.'

이어 5절에서 욥은 "나는 결코 너희를 옳다 하지 아니하겠고 내가 죽기 전에는 나의 온전함을 버리지 아니할 것이라"라고 합니다. '너희는 옳지 않다. 너희는 반밖에 모른다. 그러니 하나님을 다 안다고 이야기하지 마라. 나는 이 일을 잊어버릴 수도 없고 없었던 것으로 할 수도 없고 입 다물고 있을 수도 없다. 하나님은 우리가 알던 하나님보다 더 크시다. 어떻게 크신지는 모르겠는데, 나를 뚫고 들어오셔서 말씀하시며 나를 붙잡고 계시는 것은 분명하다. 그래서 나는 도망갈 수도, 외면할 수도 없다. 이 일은 하나님이 나와 멀찍이 떨어져서 행하신 것이 아니라 내 영혼을 뚫고 들어와 앉으셔서 이루신 역사다.' 이러한 확신 가운데서 욥은 맹세합니다. "내가 내 공의를 굳게 잡고 놓지 아니하리니 내 마음이 나의 생애를 비웃지 아니하리라"(욥 27:6). 욥의 맹세는 이런 뜻입니다. '나에게 일어난 일은 헛되거나 거짓되지 않다. 내가 엄살을 피우거나 억지를 부리거나 반대해서 그 일을 거스르고 있는 것도 아니다. 지금 나는 하나님의 일하심을 친히 겪고 있는 중이다.'

나의 정당함을 물리치신 하나님

욥기는 세 친구의 질문과 욥의 답변 사이에 있는 간격, 곧 그 다름이 무엇인지 이야기하고 싶어 합니다.

27장 1절을 다시 보겠습니다. "욥이 또 풍자하여 이르되 나의 정당함을 물리치신 하나님, 나의 영혼을 괴롭게 하신 전능자의 사심을 두고 맹세하노니"(욥 27:1-2). 우리는 자신의 진정성을 증명하려고 할 때, 내가 틀리면 십억 원 줄게, 우리 집 줄게, 이런 식으로 맹세합니다. 이렇게 맹세해도 상대가 믿지 않으면 나를 죽여도 좋아, 그럽니다. 그렇게 해도 안 믿으면 어떻게 합니까? 우리 어머니 산소에 걸고 맹세할게, 하는 데까지 나가게 됩니다. 욥도 지금 그렇게 점점 더 큰 데다 조건을 걸고 자신을 증명하면서 하나님에게 갑니다.

여기서 하나님은 어떤 하나님으로 등장합니까? 내 기도에 응답하시는 하나님, 나를 선대하시고 축복하시는 하나님이 아닙니다. 나의 정당함을 물리치신 하나님, 나의 영혼을 괴롭게 하시는 전능자라고 합니다. 바로 이런 전능자의 살아 계심을 두고 맹세하는 것입니다. 무시무시한 맹세입니다. 세 친구가 모두 달려들어서 하는 말은 무엇이었습니까? '하나님이 얼마나 높으신 분인 줄 아느냐? 안다면 왜 그러고 있느냐?'였습니다. 그러자 욥은 이렇게 답합니다. '그래, 내가 하나님을 두고 맹세하겠다. 이 하나님이 어떤 하나님인가 하면, 나의 정당함을 물리치시고 내 영혼을 괴롭게 하시는 전능자시다.'

욥은 어떻게 하나님의 이런 모습을 근거로 맹세할 수 있을까

요? 시편에 가면 하나의 실마리를 얻을 수 있습니다. "여호와
여 내가 알거니와 주의 심판은 의로우시고 주께서 나를 괴롭게
하심은 성실하심 때문이니이다"(시 119:75). 시편 기자는 하나님
이 성실하다는 사실을 자신에게 있는 고난으로 증명하고 있습
니다.

그래서 욥기가 보여 주려는 것은 무엇입니까? 욥기는 우리가
원하는 간단한 종교, 우리가 원하는 단순한 신의 모습을 거부하
시는 하나님을 보여 줍니다. 하나님은 우리가 가진 소원과 타협
하지 않으시기에 우리에게 고난이 있습니다. 우리는 남들이 어
려움을 당하면 쉽게 이야기합니다. '하나님의 뜻이 있을 거예요'
라고 말입니다. 그런데 고난을 당해 보면 가장 듣기 싫은 말입
니다. 그만큼 고난은 매서운 것이기 때문입니다.

앞서 읽은 시편 구절을 다시 봅시다. "여호와여 내가 알거니
와 주의 심판은 의로우시고 주께서 나를 괴롭게 하심은 성실하
심 때문이니이다"(시 119:75). 우리는 '주의 심판은 의로우시다'
라는 말을 아무 데나 씁니다. 그런데 성경은 그 의로우심이 우
리에게 어떤 모습으로 다가온다고 합니까? 우리를 괴롭게 하는
것으로 온다고 합니다.

우리의 신앙을 생각해 봅시다. 우리는 하나님을 도대체 어떤
분으로 알고 있습니까? 하나님이 우리를 어떤 존재로 지으셨는
지 보십시오. 좋아하고 싫어하고 후회하고 고집부리고 배신하
고 애걸복걸하고 아양 떨고 웃고 우는 존재로 만드셨습니다. 그
림을 화폭에 담는 것과는 비교가 안 됩니다. 촛불과 달을 어떻
게 비교하며, 전등과 해를 어떻게 비교하겠습니까? 마찬가지로

어떻게 하나님이 만드신 것과 하나님을 비교합니까? 안 될 일입니다.

고난은 하나님의 지극하심 때문

성도들이 욥기를 읽기 전에 제게 와서 묻습니다. "목사님, 욥은 결국 어떻게 되었다는 거예요?" "욥은 결국 복을 받았습니다" 이렇게 답하면 "아, 그럼 됐네요" 하고는 그냥 가 버립니다. 그 과정에 대해서는 관심이 없습니다. 하나님이 어디서 어떻게 일하시는지에 관심이 없는 것입니다.

하나님이 일하고 계십니다. 하나님은 우리가 회개하고 돌아와야만 만나 주시는 것이 아니라 우리가 잘못할 때도 같이 계십니다. "내가 너와 함께 있어 네가 어디로 가든지 너를 지키며 너를 이끌어 이 땅으로 돌아오게 할지라 내가 네게 허락한 것을 다 이루기까지 너를 떠나지 아니하리라 하신지라"(창 28:15). 야곱이 형을 속인 일이 탄로 나 두려워서 도망칠 때 하나님이 나타나셔서 하신 약속에서 보듯, 하나님은 야곱의 잘잘못에 따라 달라지시는 분이 아닙니다.

그런데 우리는 왜 이런 하나님을 모를까요? 하나님을 우리 마음대로 만들어 버렸기 때문입니다. 우리가 이해하기 쉽게 만들어 버린 것입니다. 우리는 어떤 일을 하고 나면 그에 대한 답을 하나님에게 내놓으라고 합니다. 내가 이번에 이것을 잘했으니까 하나님도 하나 내놓으시라는 것입니다. 또 내가 뭔가 잘못했으면 하나님에게 갚아야 한다는 식입니다. 하나님을 그렇게 간단하게 보면 안 됩니다. 이것이야말로 신성 모독입니다. 하나님이 당신의 아들을 우리에게 주셨다는 말을 못 알아듣는 것입니다. 만약 제가 갑자기 형편이 어려워졌는데, 제 친구가 자기 집을 팔아서 돈을 마련해 준다고 하면 얼마나 놀라겠습니까. 성자 하나님은 우리에게 오셔서 우리 대신 죽습니다. 이게 얼마나 말이 안 되는 이야기입니까.

예수를 믿는 것은 그렇게 간단하지 않습니다. 훨씬 깊습니다. 늘 기적 속에 있습니다. 하나님의 지극하심 속에 있습니다. 우리의 인생은 외로움, 간절함, 처절함, 비명, 실패, 막다른 곳에 다다른 절망 속에서 계속 그렇게 살아야 하는 막막한 삶입니다. 그런데 이 모든 것이 다 하나님의 기가 막힌 지극하심 때문이라는 말입니다. 드디어 욥은 이렇게 부르짖습니다. '나의 궁극적 주인이요 권세요 진리요 근거는 하나님이시다. 그분 때문에 내가 살아 있고 고생하고 있고 비명 지르고 있다.'

자신의 인생을 돌아보십시오. 지금 서 있는 자리, 처지, 상황은 하나님이 창조의 능력으로 일하시는 현장입니다. 하나님이 우리를 지어 놓고는, 우리가 어떻게 하나 보려고 내버려두는 것은 창조가 아닙니다. 역사도 아닙니다. 우리 인생은 하나님과의 거래가 아닙니다. 주께서 우리의 내장을 지으셨습니다(시 139:13 참조). 우리는 그런 존재입니다. 그러니 실패할 수 없습니다. 우리에게 일어나는 모든 것으로 하나님이 우리를 창조의 완성으로 끌고 가신다고 성경은 선언합니다.

그래서 믿음이 있으면 절망할 수 없습니다. 절망적 상황에서도 하나님의 성실하심을 고백하게 됩니다. 지금 욥이 그런 모습입니다. 하나님이 그만큼 성실하신 분이 아니었다면 진작 우리를 죽여 버렸을 것입니다. 죽이면 쉽습니다. 그러나 주님은 그렇게 하지 않으십니다. 이 사실을 비극이나 협박으로 이해해서는 안 됩니다. 기독교 신앙의 무한한 자유와 감사로 이해해야 합니다.

그 감격으로 각자의 삶을 사십시오. 진정성을 갖고 사십시오. 너무 씻어 내지 마십시오. 결벽을 떨지 마십시오. 물론 도망가거나 무책임하게 굴지 않아야 하겠지만, 거기에만 붙들리지 마십시오. 하나님이 모든 것의 주인이시라는 사실을 기억하여 담대히 살아가십시오.

질문하기

1.

하나님의 공의로우심과 무한하심을 우리로서는 어떤 한 단어에
담을 수 없기 때문에 하나님을 어떻게 부릅니까?

2.

욥기 27장의 1-2절에서 욥은 어떤 하나님을 두고 맹세합니까?

3.

하나님의 기가 막힌 지극하심 때문에 우리는 어떤 인생을 살게
되었습니까?

나누기

막막한 인생 가운데 '하나님의 지극하심'을 느껴 본 적이 있다
면 나누어 봅시다.

05 욥_
하나님에게
맡기고 사는 것이 지혜다

1 은이 나는 곳이 있고 금을 제련하는 곳이 있으며 2 철은 흙에서 캐내고 동은 돌에서 녹여 얻느니라 3 사람은 어둠을 뚫고 모든 것을 끝까지 탐지하여 어둠과 죽음의 그늘에 있는 광석도 탐지하되 4 그는 사람이 사는 곳에서 멀리 떠나 갱도를 깊이 뚫고 발길이 닿지 않는 곳 사람이 없는 곳에 매달려 흔들리느니라 5 음식은 땅으로부터 나오나 그 밑은 불처럼 변하였도다 6 그 돌에는 청옥이 있고 사금도 있으며 7 그 길은 솔개도 알지 못하고 매의 눈도 보지 못하며 8 용맹스러운 짐승도 밟지 못하였고 사나운 사자도 그리로 지나가지 못하였느니라 9 사람이 굳은 바위에 손을 대고 산을 뿌리까지 뒤엎으며 10 반석에 수로를 터서 각종 보물

을 눈으로 발견하고 **11** 누수를 막아 스며 나가지 않게 하고 감추어져 있던 것을 밝은 데로 끌어내느니라 **12** 그러나 지혜는 어디서 얻으며 명철이 있는 곳은 어디인고 **13** 그 길을 사람이 알지 못하나니 사람 사는 땅에서는 찾을 수 없구나 **14** 깊은 물이 이르기를 내 속에 있지 아니하다 하며 바다가 이르기를 나와 함께 있지 아니하다 하느니라 **15** 순금으로도 바꿀 수 없고 은을 달아도 그 값을 당하지 못하리니 **16** 오빌의 금이나 귀한 청옥수나 남보석으로도 그 값을 당하지 못하겠고 **17** 황금이나 수정이라도 비교할 수 없고 정금 장식품으로도 바꿀 수 없으며 **18** 진주와 벽옥으로도 비길 수 없나니 지혜의 값은 산호보다 귀하구나 **19** 구스의 황옥으로도 비교할 수 없고 순금으로도 그 값을 헤아리지 못하리라 **20** 그런즉 지혜는 어디서 오며 명철이 머무는 곳은 어디인고 **21** 모든 생물의 눈에 숨겨졌고 공중의 새에게 가려졌으며 **22** 멸망과 사망도 이르기를 우리가 귀로 그 소문은 들었다 하느니라 **23** 하나님이 그 길을 아시며 있는 곳을 아시나니 **24** 이는 그가 땅 끝까지 감찰하시며 온 천하를 살피시며 **25** 바람의 무게를 정하시며 물의 분량을 정하시며 **26** 비 내리는 법칙을 정하시고 비구름의 길과 우레의 법칙을 만드셨음이라 **27** 그 때에 그가 보시고 선포하시며 굳게 세우시며 탐구하셨고 **28** 또 사람에게 말씀하셨도다 보라 주를 경외함이 지혜요 악을 떠남이 명철이니라 (욥 28:1-28)

28장에서 욥은 하나님을 근거로 삼으며 오직 하나님으로 말미암아 자신이 존재한다고 하면서 하나님에게 자신의 운명을 맡겼음을 기뻐하고 있습니다. 이 기쁨은 설명으로 납득하여 얻을 수 있거나 쉽게 조작할 수 있는 것이 아니라는 이야기를 '지혜'라는 말로 펼쳐 냅니다. 1절부터 14절에서는, 지혜란 땅속에서 온갖 귀한 보석을 캐내듯이 그렇게 캐낼 수 있는 것이 아니라고 이야기합니다. 이어 15절부터 22절에서는, 지혜란 값을 주고 살 수 있는 것이 아니라고 합니다. 많은 값을 치른다고 소유할 수 있는 것이 아니고, 어디서 파내거나 노력해서 얻을 수 있는 것도 아니라고 합니다. 그러면 지혜는 어떻게 얻을 수 있는 것일까요? 23절에 가면 답이 나옵니다. "하나님이 그 길을 아시며 있는 곳을 아시나니." 하나님만이 지혜를 아시고, 하나님만이 지혜를 가지고 계신다는 고백입니다.

　24절부터는, 하나님이 이 지혜를 지금도 세상에 펼치고 계신다고 이야기합니다. "이는 그가 땅 끝까지 감찰하시며 온 천하를 살피시며 바람의 무게를 정하시며 물의 분량을 정하시며 비 내리는 법칙을 정하시고 비구름의 길과 우레의 법칙을 만드셨음이라"(욥 28:24-26). 하나님은 자연법칙을 창조하셨을 뿐 아니라 현재도 그 법칙을 가지고 일하고 계신다는 뜻입니다. 지금도 땅끝까지 돌아보시고 천하를 살피시며 일하신다고 합니다. 결국 욥은 자기가 지금 당하는 현실도 하나님의 능력과 지혜와 선하심과 기뻐하시는 뜻 속에서 일어나고 있는 일이라고 고백하는 것입니다.

　28장의 결론이 재미있습니다. 이렇게 일하시는 하나님이 사람에게 '주를 경외함이 지혜요 악을 떠남이 명철이니라'(욥 28:28)라고 말씀하신 것입니다. 어쩌면 우리는 이 말씀을 만나려고 1장부터 여기까지 왔는지 모릅니다. 욥기에서는, 사람이 이해관계를 떠나서 하나님을 섬길 수 있는지가 논의의 출발점이었습니다. 그 문제를 확인하기 위하여 하나님은 가장 신실한 욥에게 시련을 허락하셨습니다.

고난을 감수하는 것이 주를 경외하는 것

욥은 자신이 당하는 모든 고통 속에서 '억울합니다' 하고 호소했고 '이럴 수는 없습니다' 하고 비명을 질렀습니다. 친구들은 그에게 와서 '네가 고난당하는 것을 보니 네가 뭘 잘못한 것이 틀림없다. 하나님 앞에 벌을 받은 것이니 회개하라'라는 충고를 했습니다. 이에 대한 욥의 대답은 '그렇지 않다. 이것이 벌일 수는 없다. 나는 벌 받을 짓을 한 적이 없다'였습니다. 우리는 여기서 욥기의 전제를 기억해야 합니다. 욥은 의로운 사람이라는 것이 욥기의 설정이었습니다. 욥의 고난은 사탄의 도전에 대한 하나님의 재가로 시작되었다는 사실을 우리는 알고 있습니다. 욥이 옳았고 세 친구가 틀렸다는 결론도 압니다.

욥이 당한 고난은 무엇인가 하는 문제에서 친구들은 끝까지 인과응보 외의 다른 해석을 내놓지 못했습니다. 욥도 답을 모르기는 매한가지였지만, 그는 '이것은 인과응보의 법칙에서 벗어나 있는 일이다. 인과응보가 의로우신 하나님의 통치 질서라면 지금 내게 일어나는 일 역시 의로우신 하나님의 통치에 속하는 것이다'라고 고백하는 데까지 왔습니다. 나아가 욥은 '금이나 보석은 땅에서 캐낼 수 있고 소원하는 것은 값을 치르고 살 수 있지만 지혜는 그렇게 얻을 수 없다. 이 지혜는 하나님의 지혜이기 때문이다'라고 하는 데까지 이르게 되었습니다.

그리고 마침내 28절의 결론에 이릅니다. '주를 경외함이 지혜요 악을 떠남이 명철이니라.' 조심해서 이해해야 할 말씀입니다. 같은 28절을 세 친구와 욥이 각기 다른 의미로 쓰고 있기 때문입니다. 세 친구는 이 말을 '너 빨리 하나님 앞에 잘못했다고 고백해라. 그러면 하나님이 회복시켜 주실 것이다'라고 하는 데에 썼습니다. 반면 욥은 '지금 내가 당하고 있는 고난을 잘 감수하는 것이 주를 경외하는 것이요, 지혜고 명철임을 깨달았다'라고 말하는 데에 쏩니다. 이 차이에 대해 좀 더 살펴봅시다.

참다운 지혜와 명철

우리는 지혜와 명철 혹은 신앙이라는 것을, 어떤 결과를 얻어
내기 위한 조건으로 사용하곤 합니다. 그래서 욥기 28장 28절의
결론도 우리가 잘 알고 수긍하고 있다고 생각합니다. 그런데 욥
의 이 고백은 우리의 생각과 전혀 다른 의미로 쓰였습니다. 이
말씀으로 세 친구가 욥을 공격했다는 사실은 놀랍습니다. 우리
나 욥의 세 친구에게 지혜나 신앙은 자기가 원하는 결과를 얻기
위한 조건입니다. 하나님을 움직이고 조종하기 위한 수단인 것
입니다. 일종의 주문(呪文)입니다. 주문을 외면 초월적 결과가 일
어난다고 믿는 것처럼 말입니다. 우리가 잘 아는 '열려라 참깨'
와 같은 것입니다. 그런데 주문을 외면 문이 열린다는 것은 알
지만, 누가 문을 열어 주는지, 그 소원을 왜 들어주는지는 모릅
니다. 이런 것이 주문입니다.

　'주를 경외함이 지혜요 악을 떠남이 명철이니라'(욥 28:28)라는
말씀은 우리가 알고 있는 내용보다 그 의미가 훨씬 큽니다. 여
호와를 경외하고 순종한다면 어떤 경우도 감수하라는 말입니
다. 하나님의 통치가 우리의 기대나 요구보다 크다는 사실을 통
하여 도달하게 된 결론입니다. 이 내용은 만만치 않습니다. 그
러므로 욥기 28장에서 이야기하는 지혜가 무엇인지를 여기서
분명히 이해해야 합니다. 지혜는 주문이 아니라는 것, 지혜를

내세우면 좋은 결과가 자동으로 주어지는 것이 아님을 기억해야 합니다. 욥의 이 고백, '주를 경외함이 지혜요 악을 떠남이 명철이니라'라는 말을 이해하기 위해 성경의 몇 대목을 살펴볼 필요가 있습니다. 마태복음 11장에 가면 이런 비유가 나옵니다.

> 이 세대를 무엇으로 비유할까 비유하건대 아이들이 장터에 앉아 제 동무를 불러 이르되 우리가 너희를 향하여 피리를 불어도 너희가 춤추지 않고 우리가 슬피 울어도 너희가 가슴을 치지 아니하였다 함과 같도다 요한이 와서 먹지도 않고 마시지도 아니하매 그들이 말하기를 귀신이 들렸다 하더니 인자는 와서 먹고 마시매 말하기를 보라 먹기를 탐하고 포도주를 즐기는 사람이요 세리와 죄인의 친구로다 하니 지혜는 그 행한 일로 인하여 옳다 함을 얻느니라 (마 11:16-19)

말을 안 듣고, 호소에 귀 기울이지 않고, 책임을 지지 않는 사람들에 대한 비유입니다. '피리를 불어도 춤추지 않고 슬피 울어도 가슴을 치지 않는다'라는 구절은 유대인의 속담 중 하나입니다. 우리나라 사람들에게 '발 없는 말이 천 리 간다'라고 하거나 '티끌 모아 태산'이라고 하면 무슨 뜻인지 다 아는 것처럼, 유대인들에게는 유명한 속담입니다.

장터에 앉아 동무를 불러 모읍니다. 피리를 불면 동무가 춤을 추고, 슬피 울면 동무가 가슴을 쳐야 하는데, 피리를 불자 음이 맞느니 안 맞느니 평가나 하고, 슬피 울었더니 우는 소리가 괴상하다고 핀잔을 주더라는 이야기입니다. 친구라면서 고통에

공감해 주거나 동참해 주지 않더라는 것입니다. 세례 요한이 왔을 때 사람들은 그의 가르침에 아무런 반응도 하지 않다가, 그가 먹지도 않고 마시지도 않자 그에게 귀신이 들렸다고 했습니다. 이번에는 예수님이 와서 먹고 마시니까 먹기를 탐하고 포도주를 즐기는 사람이라고 흉만 볼 뿐, 정작 그의 말을 들으려고 하지 않더라는 것입니다. 이들을 보며 예수님이 내리신 결론은 이것입니다. '지혜는 그 행한 일로 인하여 옳다 함을 얻느니라'(마 11:19).

신앙이란 하나님을 경외하고 하나님의 통치에 자신을 맡기는 것입니다. 하나님이 시간과 공간을 창조하신 다음 그 속에서 일하시는 분이라는 것을 인정하여, 하나님의 통치가 우리의 운명과 시대와 역사와 전 우주에 미친다는 사실을 신뢰하는 것이 '믿음'이라는 말로 자신의 삶 속에서 구체화되어야 합니다. 우리는 그런 것 대신 안심과 만족을 얻으려고 하거나 "이렇게는 못하겠습니다"라는 불평만 늘어놓습니다. 실제로 이 신뢰에 동참하여 순종하거나 자신을 하나님의 손에 맡기지 않는 것입니다. 그래서 예수님이 이런 비유를 이야기하신 것입니다.

욥이 고백하는 '주를 경외함이 지혜'라는 말은 무슨 의미일까요? 하나님이 잘해 주셔서 자신이 겪고 싶지 않은 고난은 면제받고 자기가 원하는 복만 받는 것은 주를 경외하는 삶이 아닙니다. 내 인생과 내가 속한 시대와 역사가 하나님의 손에 있으므로 하나님에게 맡기고 살아 나가는 것이 지혜라고 합니다. 욥은 그것이 믿음이라고 고백하는 자리에 다다랐습니다.

답 없는 길을 가라

예수 그리스도가 우리에게 오셔서 어떻게 하셨습니까? 고린도 전서 말씀에서 확인해 봅시다. "너희는 하나님으로부터 나서 그리스도 예수 안에 있고 예수는 하나님으로부터 나와서 우리에게 지혜와 의로움과 거룩함과 구원함이 되셨으니"(고전 1:30). 예수는 우리의 구원이 되십니다. 그것은 관념도 아니고, 설명도 아니고, 힘에 불과한 것도 아닙니다. 하나님이 구체적 시공간 속에 들어오셔서 직접 이루신 것입니다. 그런데 인간에게 있는 죄성이 기독교 신앙 속으로 쳐들어옵니다. 말로만 믿으면 된다고, 실제로 살 필요는 없으니 진심만 내놓으라고 하면서 쳐들어옵니다.

진심을 바쳐 금식하고 밤새워 기도했으니 하나님이 좋은 결과로 보상해 줘야 한다고 생각하면 안 됩니다. 밤새워 눈물을 흘리며 기도해야 하는 일은 늘 있습니다. 우리는 자기에게 닥친 일을 감당할 수 없기 때문입니다. 우리는 우리의 모든 것을 걸고 하나님 앞에 나아가 우리의 사정을 아뢰어야 합니다. 기도에 응답하시는 하나님의 뜻이 내 소원과 같지 않을 때에는 그 답 없는 길을 걸어갈 수 있는지 물음으로써 자신의 신앙을 점검해야 합니다. 그런데 우리는 그렇게 안 합니다. 사흘 굶어서 안 되면 일주일을 굶고 일주일 굶어서 안 되면 한 달을 굶는 금식 기도로 내가 바라는 응답을 얻어 내려 합니다. 그래서 내가 원하는 결과를 보려고 합니다.

앞서 본 고린도전서 말씀에는 '너희는 하나님으로부터 나서 그리스도 예수 안에 있고 예수는 하나님으로부터 나와서 우리에게 지혜와 의로움과 거룩함과 구원함이 되셨'(고전 1:30)다고 합니다. 여기 '예수'라는 말은 성자 하나님이 육신이 되어 가지신 이름입니다. 우리에게 구원을 주시기 위하여 지혜와 의로움과 거룩함을 구체화하여 시간과 공간 속에 들어오신 하나님이십니다. 이 시간과 공간이 바로 하나님이 일하시는 역사적, 구체적 실체입니다. 우리가 원치 않는 경우나 예상하지 못한 현실에 직면하여 세상이 만들어 내는 모든 위협과 시험과 도전과 유혹 앞에 설 때 하나님의 통치에 나를 온전히 맡길 것인지를 지금 욥기가 묻고 있는 것입니다.

법칙, 진심, 하소연, 회개로 우리는 우리의 할 바를 다했으니 결과는 하나님의 책임으로 다 넘어간다는 세 친구의 말에 대해 그렇지 않다고 욥기는 말합니다. 하나님의 의로우심과 신실하심과 높으심을 인정한다면, 이제 답 없는 길을 걸어가라는 것입니다. 하나님의 응답이 들리지 않는 길로 들어서라는 것입니다. 이것이 욥기에서 강조하는 '주를 경외함이 지혜'라는 말씀의 의미입니다. 사실 우리는 이에 대해 욥기와 비교할 수 없이 큰 증거를 이미 가지고 있습니다. 우리는 예수를 가지고 있습니다. 이런 의미에서 보면 우리는 예수를 믿는다는 말의 뜻을 제대로 이해하지 못하고 있는 것일지도 모릅니다.

질문하기

1.

욥은 억울함을 넘어서서 어떤 것을 깨닫는 자리까지 왔습니까?

2.

'지혜'란 무엇인지 설명해 봅시다.

3.

욥은 세 친구들이 말하는 법칙, 진심, 하소연, 회개로 매듭짓는 신앙이 아니라 어떤 길로 나아가고 있습니까?

나누기

내가 생각했던 지혜와 욥기에서 말하는 지혜의 다른 점은 무엇인지 이야기해 봅시다.

06 엘리후_
하나님은
너무도 분명하시다

1 엘리후가 말하여 이르되 **2** 지혜 있는 자들아 내 말을 들으며 지식 있는 자들아 내게 귀를 기울이라 **3** 입이 음식물의 맛을 분별함 같이 귀가 말을 분별하나니 **4** 우리가 정의를 가려내고 무엇이 선한가 우리끼리 알아보자 **5** 욥이 말하기를 내가 의로우나 하나님이 내 의를 부인하셨고 **6** 내가 정당함에도 거짓말쟁이라 하였고 나는 허물이 없으나 화살로 상처를 입었노라 하니 **7** 어떤 사람이 욥과 같으랴 욥이 비방하기를 물마시듯 하며 **8** 악한 일을 하는 자들과 한패가 되어 악인과 함께 다니면서 **9** 이르기를 사람이 하나님을 기뻐하나 무익하다 하는구나 **10** 그러므로 너희 총명한 자들아 내 말을 들으라 하나

님은 악을 행하지 아니하시며 전능자는 결코 불의를 행하지 아니하시고 **11** 사람의 행위를 따라 갚으사 각각 그의 행위대로 받게 하시나니 **12** 진실로 하나님은 악을 행하지 아니하시며 전능자는 공의를 굽히지 아니하시느니라 **13** 누가 땅을 그에게 맡겼느냐 누가 온 세상을 그에게 맡겼느냐 **14** 그가 만일 뜻을 정하시고 그의 영과 목숨을 거두실진대 **15** 모든 육체가 다 함께 죽으며 사람은 흙으로 돌아가리라 **16** 만일 네가 총명이 있거든 이것을 들으며 내 말소리에 귀를 기울이라 **17** 정의를 미워하시는 이시라면 어찌 그대를 다스리시겠느냐 의롭고 전능하신 이를 그대가 정죄하겠느냐 **18** 그는 왕에게라도 무용지물이라 하시며 지도자들에게라도 악하다 하시며 **19** 고관을 외모로 대하지 아니하시며 가난한 자들 앞에서 부자의 낯을 세워주지 아니하시나니 이는 그들이 다 그의 손으로 지으신 바가 됨이라 **20** 그들은 한밤중에 순식간에 죽나니 백성은 떨며 사라지고 세력 있는 자도 사람의 손을 빌리지 않고 제거함을 당하느니라 **21** 그는 사람의 길을 주목하시며 사람의 모든 걸음을 감찰하시나니 **22** 행악자는 숨을 만한 흑암이나 사망의 그늘이 없느니라 **23** 하나님은 사람을 심판하시기에 오래 생각하실 것이 없으시니 **24** 세력 있는 자를 조사할 것 없이 꺾으시고 다른 사람을 세워 그를 대신하게 하시느니라 **25** 그러므로 그는 그들의 행위를 아시고 그들을 밤 사이에 뒤집어 엎어 흩으시는도다 **26** 그들을 악한 자로 여겨 사람의 눈 앞에서 치심은 **27** 그들이 그를 떠나고 그의 모든 길을 깨달아 알지 못함이라 **28** 그들이 이와 같이 하여 가난한 자의 부르짖음이 그에게 상달하게 하며 빈궁한 사람의 부르짖음이 그에게 들리게 하느니라 **29** 주께서 침묵하신다고 누가 그를 정죄하며 그가 얼굴을 가리신다면 누가 그를 뵈올 수 있으랴 그는 민족에게나 인류에게나 동일하시니 **30** 이는 경건하지 못한 자가 권세를 잡아 백성을 옭아매지 못하게 하려 하심이니라 **31** 그대가 하나님께 아뢰기를 내가 죄를 지었사오니 다시는 범죄하지 아니하겠나이다 **32** 내가 깨닫지 못하는 것을 내게 가르치소서 내가 악을 행하였으나 다시는 아니하겠나이다 하였는가 **33** 하나님께서 그대가 거절한다고 하여 그대의 뜻대로 속전을 치르시겠느냐 그러면 그대가 스스로 택할 것이요 내가 할 것이 아니니 그대는 아는 대로 말하라 **34** 슬기로운 자와 내 말을 듣는 지혜 있는 사람은 반드시 내게 말하기를 **35** 욥이 무식하게 말하니 그의 말이 지혜롭지 못하도다 하리라 **36** 나는 욥이 끝까지 시험 받기를 원하노니 이는 그 대답이 악인과 같음이라 **37** 그가 그의 죄에 반역을 더하며 우리와 어울려 손뼉을 치며 하나님을 거역하는 말을 많이 하는구나 (욥 34:1-37)

본문 말씀은 엘리후가 욥을 권고하고 책망하는 대목입니다. 엘리후는 욥에게 말합니다. "하나님은 의로우시다. 하나님은 대강 넘어가시는 분이 아니다. 네가 어려움을 당하는 것은 네가 잘못했기 때문이니 하나님을 탓할 수 없다. 그러니 빨리 잘못을 인정하고 하나님에게 용서를 빌어라." 이는 우리에게 익숙한 사고입니다.

그러나 우리가 아는, 우리가 믿는, 우리에게 당신의 아들을 주신 하나님은 우리 생각보다 크십니다. 엘리후의 책망과 권면의 배후에 있는 잣대는 분명합니다. 그런데 분명하다는 점이 문제입니다. 물론 하나님은 분명하신 분입니다. 하지만 그것은 하나님의 성품 중 하나이지, 분명함이 전부는 아닙니다. 하나님은 우리가 이해하는 것과 비교할 수 없이 크신 분인데, 분명함만을 강조하다 보면 하나님을 제한해 버리는 실수를 범하게 됩니다.

나뉘지 않고 묶여 있음

엘리후는 하나님의 통치와 인간에게 허락된 하나님의 궁극적인 뜻을 옳고 그름이라는 이분법의 기준으로만 이해하고 있습니다. 성공과 실패, 잘한 것과 잘못한 것, 깨달음과 무지, 회개와 고집으로 이분화되어 있는 것입니다. 이런 엘리후의 생각이 성경과 어떻게 다른지 살펴보겠습니다. 에베소서 1장에 가 봅시다.

> 우리는 그리스도 안에서 그의 은혜의 풍성함을 따라 그의 피로 말미암아 속량 곧 죄 사함을 받았느니라 이는 그가 모든 지혜와 총명을 우리에게 넘치게 하사 그 뜻의 비밀을 우리에게 알리신 것이요 그의 기뻐하심을 따라 그리스도 안에서 때가 찬 경륜을 위하여 예정하신 것이니 하늘에 있는 것이나 땅에 있는 것이 다 그리스도 안에서 통일되게 하려 하심이라 (엡 1:7-10)

그리스도 안에서 하늘과 땅의 모든 것을 통일되게 하려 하신다는 하나님의 경륜을 이야기하는 말씀입니다. 우리가 죄 사함을 받는 것(7절)으로 시작하여, 하늘과 땅의 모든 것이 그리스도 안에서 통일되는 것(10절)으로 끝납니다. 통일된다는 것은 무엇일까요? 이해를 돕기 위해 구약의 사건을 찾아봅시다. 창세기 22장에 나온, 아브라함이 이삭을 잡는 사건입니다.

그 일 후에 하나님이 아브라함을 시험하시려고 그를 부르시되 아브라함아 하시니 그가 이르되 내가 여기 있나이다 여호와께서 이르시되 네 아들 네 사랑하는 독자 이삭을 데리고 모리아 땅으로 가서 내가 네게 일러 준 한 산 거기서 그를 번제로 드리라 (창 22:1-2)

이삭은 아브라함이 백 세에 얻은 아이입니다. 낳을 수 없는 아들을 하나님이 주신 것입니다. 하나님이 구십구 세의 아브라함에게 나타나셔서 내년에 아들을 주겠다고 하자, 아브라함이 웃습니다. 그러자 하나님이 "네가 웃었다. 그러니 내년에 아들을 낳으면 이름을 이삭이라고 지어라"라고 하셨습니다. 이삭이라는 이름의 뜻은 웃음입니다. 그런데 그 아들을 잡으라고 하십니다. 이삭을 주신 하나님이 말입니다. 이렇게 데려가실 것이면 아예 안 주셨어야 맞는 것 아닙니까.

이 사건을, 아브라함은 믿음이 얼마나 좋았는가로 이해하지 말고 하나님에게로 시선을 옮겨 생각해 봅시다. 하나님에게는 생명과 사망이 묶여 있습니다. 우리에게는 성공과 실패가 묶일 수 없습니다. 이 둘은 서로 대척점에 있고, 생명과 사망은 분명히 이분화되어 존재합니다. 이렇듯 우리에게는 이분법적 사고가 익숙합니다. 엘리후가 지금 그렇게 하는 것처럼 말입니다. 그런데 하나님에게는 그렇지 않습니다. 우리는 이 묶임을 예수 안에서 확인합니다. 예수 안에는 용서가 있고, 회복이 있고, 부활이 있습니다.

욥은 이것을 어떻게 알았을까요? 원래는 몰랐을 것입니다. 그도 이해할 수 없었을 것입니다. 그런데 그는 자기가 당하는 현실을 엘리후가 지적하는 방식으로는 도저히 이해할 수 없었습니다. 그러니 죽겠는 것입니다. 엘리후는 욥에게 자꾸 빨리 회개하라고 합니다. 도대체 무엇을 회개하라는 말입니까? 욥은 잘못한 것이 없는데 말입니다.

아브라함의 경우에 빗대어 보면 쉽게 이해가 됩니다. 이삭을 준 다음에 잡으라고 하면 그나마 이해가 되는데, 없는 이삭을 잡으라고 하면 이해가 되겠습니까. 아브라함에게는 아들을 주신 다음 잡으라고 한 것이 문제의 해결에 열쇠였습니다. 아들을 잡으라는 말에는 무슨 뜻이 담겨 있습니까? 주실 수도 있고, 데려가실 수도 있는 하나님이 그 둘을 묶어서 당신의 궁극적인 뜻을 이루신다는 것입니다. 아들을 주실 수도 있고 없애실 수도 있는 하나님인 줄 알게 하시는 것입니다. 이삭이 없는데 이삭을 잡으라고 하면 비웃을 것입니다. 그런데 이삭을 준 다음에 잡으라고 하면 틀림없이 너무한다고 그럴 것입니다. 없을 때는 잡으라고 하니까 웃었으면서 주고 나서 잡으라고 하니까 이렇게 할 거면 왜 줬냐고 그러는 것입니다. 지금 그 싸움을 하는 것입니다.

그리스도 안에서 통일되게 하심

마태복음 16장을 봅시다. 이 말씀에는 우리가 자주 놓치는 성경의 중요한 가르침이 들어 있습니다.

주는 그리스도시요 살아 계신 하나님의 아들이라는 베드로의 고백 위에 예수님은 교회를 세우겠다고 하십니다. 음부의 권세가 이기지 못하는 교회, 천국의 열쇠를 소유한 교회를 베드로에게 맡기신 것입니다. 그런데 교회를 주신, 교회의 권세와 주인이신 예수가 이 모든 복된 약속을 해 놓고 이제 당신의 죽음을 예고하십니다. 어느 누가 그것을 이해하겠습니까. 그래서 베드로가 나섭니다.

> 이 때로부터 예수 그리스도께서 자기가 예루살렘에 올라가 장로들과 대제사장들과 서기관들에게 많은 고난을 받고 죽임을 당하고 제삼일에 살아나야 할 것을 제자들에게 비로소 나타내시니 베드로가 예수를 붙들고 항변하여 이르되 주여 그리 마옵소서 이 일이 결코 주께 미치지 아니하리이다 예수께서 돌이키시며 베드로에게 이르시되 사탄아 내 뒤로 물러 가라 너는 나를 넘어지게 하는 자로다 네가 하나님의 일을 생각하지 아니하고 도리어 사람의 일을 생각하는도다 하시고 (마 16:21-23)

베드로를 칭찬하시며 그의 고백 위에 교회를 세우겠다고 하신 예수님이 이제 베드로에게 사탄이라고 꾸짖습니다. 이 둘이 묶여 다니니, 우리는 정신이 없습니다. 무엇이 잘하는 것이고 무엇이 못하는 것인지, 무엇이 유익하고 무엇이 쓸모없는지, 하나님이 하시는 일은 우리의 이해와 얼마나 다르고 큰지 정신이 하나도 없습니다.

엘리후에게는 나뉘어 있던 성공과 실패, 생명과 사망이 예수 안에서는 묶여 있습니다. 무엇이 맞고 틀린지를 말하는 것이 아님니다. 에베소서 1장 말씀처럼 하나님이 모든 것을 묶어서 그리스도 안에서 통일되게 하십니다. 합력하여 선을 이루시고 그렇게 하나님의 뜻을 이루십니다.

하나님을 벗어나 있는 영역은 없다

기독교 신앙의 위대함은 하나님이 우리를 사랑하신다는 데에 있습니다. 우리가 놓인 죽음의 자리까지 쫓아 들어오셔서 우리를 위하여 당신이 죽으실 수 있다는 것을 보이십니다. 그 이상 무엇을 바라겠습니까. 그런데 우리는 이것을 놓치고 사는 바람에 언제나, 다시는 하나님 앞에 빌지 않게 해 달라는 것들만을 구하고 있습니다. 세상에서 답을 찾을 수가 없어 하나님 앞에 오게 된 것이 복인 줄 모릅니다. 끊임없이 잘잘못, 성공과 실패로 구분한 다음 인생에서 안 좋은 일이 벌어지면 하나님 앞에 분노를 터트립니다. '왜 이렇게 살게 하십니까? 이게 뭡니까?' 하고 말입니다.

이삭을 낳게 하신 하나님이 이삭을 잡으라고 하셨습니다. 이 일을 통해 아브라함을 믿음의 조상으로 세워 우리 모두에게 걱정 말라고 하시는 하나님이십니다. 하나님은 우리에게 '나는 언제든지 너한테 필요한 것을 다 줄 수도 있고 거둬 갈 수도 있다. 주는 것이 네게 복이고 능력인 만큼, 거둬 가는 것도 네게 능력이고 복이니라' 하시는 것입니다. 이것이 어떻게 말이 되냐고 물으면 하나님은 뭐라고 하실까요? "예수를 보라. 성자 하나님이 인간으로 오셔서서 고난당하고 죽었다는 것이 말이 되느냐" 하며 우리에게 되물어 오실 것입니다.

하나님은 원칙에 매이지 않고, 무에서 유를 창조하시고, 죽은 자를 살리시고 없는 것을 있는 것으로 만들어 낼 수 있고 거꾸로 가는 것을 바로 가도록 뒤집을 수 있는 분입니다. 그분의 영역에 안 걸리는 사람은 없습니다. 그 영역 밖에 있는 사람은 없습니다. "난 잘했어"라고 하는 당당한 사람과 "난 잘한 것이 없어"라고 풀이 죽은 사람, "그래, 나는 모르겠다. 맘대로 해라"라고 체념하는 사람까지 다 들어갑니다. 무에서 유를 만들고 죽은 자를 살리실 수 있는 하나님이 아브라함을 믿음의 조상으로 세워, '아브라함이 누구냐'가 아니라 '하나님이 누구시냐'를 역사 속에서, 후에 오실 예수 그리스도 속에서 장차 하실 일들의 증거로 삼으셨습니다. 이것이 아니라면 예수를 믿는 것은 헛일입니다.

만족을 달라고 하나님을 부르는 것이 아닙니다. 살려 달라고 부르는 것입니다. 우리를 위하여 그 아들을 보내신 하나님입니다. 아브라함을 불러 믿음의 조상으로 세운 하나님이시기 때문에 누구든지, 아무 때나, 언제나, 어디서나, 무슨 일로나 부를 수 있습니다. 하나님이 우리에게 당신을 누구라고 부르게 하십니까? 아버지라고 부르게 하십니다. "하나님 아버지!" 그러면 끝입니다. 군말할 것 없습니다. 욥기가 무슨 말을 하는지 이제 이해하겠습니까? 우리가 하는 '예수를 믿습니다. 하나님은 우리의 아버지십니다'라는 신앙 고백이 무슨 뜻인지 알겠습니까? 그러면 이제 얼굴을 펴고 당당하게 살아갑시다.

질문하기

1.

엘리후는 하나님의 궁극적인 뜻을 어떻게 잘못 이해하고 있습
니까?

2.

엘리후에게 나뉘어 있던 성공과 실패, 생명과 사망이 누구 안에
서는 묶여 있습니까?

3.

하나님의 영역에 안 걸리는 사람이 없는 이유는 무엇입니까?

나누기

성공과 실패가 합력하여 선을 이루었던 경험이 있다면 나누어
봅시다.

07 하나님_
너는 이것들을 알아야 한다

1 그 때에 여호와께서 폭풍우 가운데에서 욥에게 말씀하여 이르시되 2 무지한 말로 생각을 어둡게 하는 자가 누구냐 3 너는 대장부처럼 허리를 묶고 내가 네게 묻는 것을 대답할지니라 4 내가 땅의 기초를 놓을 때에 네가 어디 있었느냐 네가 깨달아 알았거든 말할지니라 5 누가 그것의 도량법을 정하였는지, 누가 그 줄을 그것의 위에 띄웠는지 네가 아느냐 6 그것의 주추는 무엇 위에 세웠으며 그 모퉁잇돌을 누가 놓았느냐 7 그 때에 새벽 별들이 기뻐 노래하며 하나님의 아들들이 다 기뻐 소리를 질렀느니라 8 바다가 그 모태에서 터져 나올 때에 문으로 그것을 가둔 자가 누구냐 9 그 때에 내가 구름으로 그 옷을 만들고 흑암으로 그 강보를 만

들고 **10** 한계를 정하여 문빗장을 지르고 **11** 이르기를 네가 여기까지 오고 더 넘어가지 못하리니 네 높은 파도가 여기서 그칠지니라 하였노라 (욥 38:1-11)

드디어 하나님이 등장하셨습니다. 긴 싸움과 고통이 이제 끝날 것 같습니다. 그러나 만만치 않습니다. 하나님이 등장하셔서 단순히 누가 잘했는지 누가 잘못했는지 판결을 내린 다음 상과 벌을 내리는 것으로 끝나지 않고, 여태껏 일어난 일들이 어떤 결론으로 가야 하는지, 어떻게 인도되고 결말지어지는지가 명확하지 않고 어렴풋하기 때문입니다. "무지한 말로 생각을 어둡게 하는 자가 누구냐"라는 2절 말씀은 누구에게 하신 말씀일까요? 그냥 읽으면 욥에게 하신 말씀 같습니다. 그런데 혹시 엘리후에게 하신 말씀은 아닐까요? 욥기를 쭉 읽어 오면 알 수 있듯이 하나님은 엘리후의 강화, 주장, 권면을 근거로 해서 등장하시는 것 같기 때문입니다. 혹은 엘리후의 말에 이어서 등장하시기에 그렇게 볼 여지가 있습니다. 엘리후가 다루는 주제의 끝자락을 잡고 하나님이 결론으로 이어 가시기 때문에, 하나님이 엘리후의 말을 보강하는 것인지 아니면 하나님이 엘리후의 말과 대비되는 말씀을 하시는 것인지 이해하기가 쉽지 않습니다.

너는 내 말에 대답하라

먼저 본문 3절에 나온 "너는 대장부처럼 허리를 묶고 내가 네게 묻는 것을 대답할지니라"라는 말씀을 생각해 봅시다. '너는 대장부처럼 내 말에 대답하라'라는 말은 한마디로 '너는 누구냐'라고 묻는 것입니다. 그런 다음에 이어지는 "너 내가 이런 일, 저런 일을 할 때 보았느냐? 네가 그것들을 아느냐?"라는 말은 하나님이 홀로 일하셨다는 말씀이기도 하고, 네가 당연히 이런 일들을 알아야 하지 않냐는 말이기도 합니다. 이를 전문 용어로는 수사적 반어법이라고 하는데, 욥에게 '너는 여기까지는 올 수 없다'라며 그의 한계를 지적하는 말일 수도 있고, 당연히 알아야 하는데 뭐 하고 있냐고 꾸짖는 말일 수도 있습니다.

38장 내내 나오는 '너는 아느냐'라는 말과 3절에 나오는 '대장부처럼 허리를 묶고 내가 네게 묻는 것을 대답할지니라'라는 말씀 역시 '너 감히 대들지 마라'인지 아니면 '너 그렇게 도망가지 마라'인지 알 수가 없습니다. 둘은 엄연히 다릅니다. 우리는 보통 '너 감히 대들지 마라'로 읽습니다. 엘리후나 세 친구가 집요하게 주장했던 공통된 내용은 '하나님은 높으시고 공의로우신 분이다. 네가 틀렸지 하나님이 틀렸을 리 없다. 그리고 다 알려고 하지 마라'였습니다. 그런데 욥은 지지 않고 계속 '아니다. 나는 하나님에게 물어봐야겠다. 너희가 하는 이야기로는 답이 되지 않는다'라며 반박했습니다.

만일 3절을 하나님이 욥에게 '너 감히 나한테 대드느냐'라는 말씀으로 이해하면, 세 친구가 틀렸고 욥이 세 친구를 용서해야 하는 내용으로 끝나는 욥기의 결론과 맞지 않습니다. 욥이 옳았다는 결론이라면 3절은 '너는 감히 대들지 마라. 알려고 하지 마라'가 아니라 '이것은 네가 당연히 알아야 하는 일이다. 너는 더욱 용감해야 하고, 더욱더 앞으로 나아가야 한다'라는 뜻이어야 맞습니다.

하나님이 등장하셔서 맨 처음 하신 이야기는 '너는 대장부로 부름을 받았느니라. 그러니 꼬리 내리고 도망가지 마라'입니다. 이런 말을 들으면 우리는 뭐라고 대답합니까? '제가 당한 모든 일에 대하여 더 이상 아무것도 바라지 않을 테니 그냥 없었던 일로 합시다.' 하나님은 그렇게 안 하겠다고 하십니다. 하나님은 '너는 이 일을 마땅히 알아야 하는 존재다. 너는 내가 땅의 기초를 놓은 사실을 알아야 하는 존재다. 내가 이런저런 일을 하는 하나님인 줄 너는 알아야 한다. 욥아, 이것을 보았느냐? 욥아, 이것을 아느냐'라고 하십니다.

인간은 창조 사역의 동역자

앞서 엘리후는 욥에게 이렇게 이야기했습니다. '하나님은 천지를 창조하신, 이 큰 세계 위에 계시는 분이다. 이 창조 세계에서 하나의 작은 인간에 불과한 네가 어떻게 하나님에게 대드느냐.' 그런데 하나님은 욥이 이 창조 세계라는 무대의 배경이나 소품 정도가 아니라 하나님이 따로 구별해 두신 주인공이라고 말씀하십니다. 하나님은 '이것을 보았느냐? 이것을 아느냐? 이것을 네가 했느냐?' 하는 질문으로 다른 피조물들과 욥을 구별하고 계십니다. 욥을 다만 창조 세계 안의 피조물로 두지 않고, 창조주 하나님과 대등한 관계에 있는 대화자로 대우하여 친히 그에게 설명하시고 그를 설득하십니다. 욥을 대단한 존재로 대우하시는 것입니다. 욥에게 닥친 모든 고난이 왜 일어났느냐는 질문에, 욥은 다만 자연 질서의 한 부분이거나 거기에 속한 작은 존재가 아니기 때문이라고 답하는 것입니다. 욥은 그것보다 훨씬 큰 존재이기 때문에 고난으로 그를 이 자리까지 오도록 허락하고 인도하셨다고 이야기하는 것입니다. 하나님이 땅의 주춧돌을 놓듯이 말입니다.

이해를 돕기 위해 구약의 한 사건을 생각해 보겠습니다. 사무엘하 7장에 가면 다윗이 성전을 짓겠다고 하자, 하나님이 '안 된다. 성전은 네 아들이 지을 것이다'라고 거절하신 다음 다윗에게 복을 주시는 말씀이 나옵니다. 다윗이 그 말씀에 대해 이렇게 답합니다.

그런즉 주 여호와여 주는 위대하시니 이는 우리 귀로 들은 대로는 주와 같은 이가 없고 주 외에는 신이 없음이니이다 땅의 어느 한 나라가 주의 백성 이스라엘과 같으리이까 하나님이 가서 구속하사 자기 백성으로 삼아 주의 명성을 내시며 그들을 위하여 큰 일을, 주의 땅을 위하여 두려운 일을 애굽과 많은 나라들과 그의 신들에게서 구속하신 백성 앞에서 행하셨사오며 주께서 주의 백성 이스라엘을 세우사 영원히 주의 백성으로 삼으셨사오니 여호와여 주께서 그들의 하나님이 되셨나이다 여호와 하나님이여 이제 주의 종과 종의 집에 대하여 말씀하신 것을 영원히 세우시며 말씀하신 대로 행하사 사람이 영원히 주의 이름을 크게 높여 이르기를 만군의 여호와는 이스라엘의 하나님이라 하게 하옵시며 주의 종 다윗의 집이 주 앞에 견고하게 하옵소서 (삼하 7:22-26)

다윗은 자기가 하나님을 위하여 무엇인가를 해 드리는 것으로 만족하고자 했고 그것이 신앙의 전부인 줄 알았는데, 하나님은 성전을 짓겠다고 하는 다윗의 청을 물리치십니다. 그런 다음 다윗과 그의 가문과 그의 왕권을 영원히 지키겠다고 약속하십니다. 그러자 다윗은 '여호와여, 제가 무엇이기에 이렇게 대해 주십니까? 어떻게 이런 큰 약속을 주십니까? 제가 남들과 뭐가 달라서 저에게 이런 복을 약속하십니까?'라고 물으며 과거를 돌아봅니다. '생각해 보니 하나님은 처음부터 그러셨습니다. 하나님은 이스라엘을 구원하실 때도 하나님의 은혜와 능력과 성실로 하셨습니다. 하나님이 애굽을 깨트려 우리를 꺼내셨고, 약속의 땅에 불러들여 복을 주시고 오늘에 이르게 하셨습니다. 이 모든 것들은 우리가 한 일에 대한 보상이 아니었습니다.' 이것이 다윗의 고백입니다. 그런데 우리는 늘 이 문제에서 틀립니다.

신앙이란 결국 인간이 무엇인지, 인생이 무엇인지에 대해 이해하기 위한 싸움입니다. 살아 있는 동안 의미 있게 살다 죽으면 그만인가? 쓸 만한 존재가 되기 위해 예수를 믿는 것인가? 나라는 존재의 시작과 결말이 이 세상에서 끝나는가, 아니면 더 큰 약속 안에서 준비되고 만들어져 가는 것인가? 이런 질문들을 어떻게 이해하는지에 따라 신앙은 달라집니다. 욥기 38장에서 하나님은 계속 말씀하십니다. '욥아, 너는 이것을 알아야 한다. 저것도 알아야 한다.' 아버지가 아들한테 하는 말입니다. 종한테 하는 명령과 아들에게 주는 가르침은 다릅니다. 종에게는 시킬 일만 이야기하고 아들에게는 아들이 알아야 할 일 전체를 보이고 가르칩니다. 누가 더 마음 편하게 삽니까? 종이 더 마음 편하게 삽니다. 종은 해가 지면 나가서 놀아도 됩니다. 그런데 아들은 종이 나가 놀 때 부름을 받습니다. 종이 나간 다음에 "얘야, 안방에 들어오너라. 내가 할 말이 있다" 이러는 것 아닙니까.

내가 이제 아버지를 뵈옵나이다

욥기 42장에 가면 이 이야기가 결론으로 나옵니다.

> 욥이 여호와께 대답하여 이르되 주께서는 못 하실 일이 없사오며 무슨 계획이든지 못 이루실 것이 없는 줄 아오니 무지한 말로 이치를 가리는 자가 누구니이까 나는 깨닫지도 못한 일을 말하였고 스스로 알 수도 없고 헤아리기도 어려운 일을 말하였나

이다 내가 말하겠사오니 주는 들으시고 내가 주께 묻겠사오니 주여 내게 알게 하옵소서 내가 주께 대하여 귀로 듣기만 하였사오나 이제는 눈으로 주를 뵈옵나이다 그러므로 내가 스스로 거두어들이고 티끌과 재 가운데에서 회개하나이다 (욥 42:1-6)

나중에 더 깊이 살펴볼 대목이지만, 지금 욥은 '내가 이제 아버지를 뵈옵나이다'라고 답하고 있습니다. 주인을 뵙는 것이 아니라 아버지를 뵙는 것입니다. 이 놀라운 설명을 예수 안에서 우리가 어떻게 가지고 있는지 살펴봅시다. 고린도후서 말씀을 보겠습니다. "그런즉 누구든지 그리스도 안에 있으면 새로운 피조물이라 이전 것은 지나갔으니 보라 새 것이 되었도다"(고후 5:17). 새것이 되었다는 말씀은 무슨 뜻입니까? 그리스도 예수 안에서 새로운 존재, 새로운 인생, 새로운 세계가 되었다는 의미입니다.

13절부터 보면 '우리가 만일 미쳤어도 하나님을 위한 것이요 정신이 온전하여도 너희를 위한 것이니 그리스도의 사랑이 우리를 강권하시는도다'(고후 5:13-14 상). 권력과 힘으로 강요하거나 누른 것이 아니고 그리스도의 사랑이 우리를 강권한다고 말씀합니다. 사랑은 서로 대등해야 할 수 있습니다. 사랑의 반대말을 증오라고 하는 사람도 있고 무관심이라고 하는 사람도 있습니다. 그런데 성경에서는 사랑의 반대말을 '동정'이라고 이야기하는 것 같습니다. 동정심으로 결혼할 수는 없습니다. 대등해야 합니다.

자신을 위하여 사는 삶은, 자기가 아는 세상이 전부인 삶입니다. 자기가 소원하는 것을 얻기 위해 하나님에게 요구하는 것이 전부인 삶입니다. 우리가 누려야 하는 삶은 그런 삶이 아니라 아버지를 만나는 삶입니다. 아버지의 세계로, 아버지의 뜻에 부름을 받는 것입니다. 이전 것은 지나가고 새것이 되었으니 이제는 사람을 성격이나 능력이나 취향에 따라 취급하지 않게 됩니다. 하나님이 우리 아버지이기 때문입니다. 기독교에서 요구하는 모든 덕목이 여기서 나옵니다. '용서해라. 기다려라. 믿음을 가져라.' 하나님이 아버지시기 때문에 할 수 있는 말입니다. 예수를 믿으면 새로운 세상이 열립니다.

질문하기

1.

"너는 대장부처럼 허리를 묶고 내가 네게 묻는 것을 대답할지니라"(욥 38:3)라는 말씀에는 어떤 뜻이 담겨 있습니까?

2.

하나님은 욥이 이 창조 세계라는 무대의 배경이나 소품 정도가 아니라 무엇이라고 하십니까?

3.

'그리스도 안에서 새 것이 되었다'라는 말은 무슨 뜻입니까?

나누기

자신을 위해서 사는 삶과 하나님을 아버지로 모시고 사는 삶은 어떻게 다른지 이야기해 봅시다.

08 하나님_
나는 폭풍같이 일하고 있다

4 내가 땅의 기초를 놓을 때에 네가 어디 있었느냐 네가 깨달아 알았거든 말할지니라 **5** 누가 그것의 도량법을 정하였는지, 누가 그 줄을 그것의 위에 띄웠는지 네가 아느냐 **6** 그것의 주추는 무엇 위에 세웠으며 그 모퉁잇돌을 누가 놓았느냐 **7** 그 때에 새벽 별들이 기뻐 노래하며 하나님의 아들들이 다 기뻐 소리를 질렀느니라 **8** 바다가 그 모태에서 터져 나올 때에 문으로 그것을 가둔 자가 누구냐 **9** 그 때에 내가 구름으로 그 옷을 만들고 흑암으로 그 강보를 만들고 **10** 한계를 정하여 문빗장을 지르고 **11** 이르기를 네가 여기까지 오고 더 넘어가지 못하리니 네 높은 파도가 여기서 그칠지니라 하였노라 **12** 네가 너의 날에 아침에게 명령하였느

냐 새벽에게 그 자리를 일러 주었느냐 13 그것으로 땅 끝을 붙잡고 악한 자들을 그 땅에서 떨쳐 버린 일이 있었느냐 14 땅이 변하여 진흙에 인친 것 같이 되었고 그들은 옷 같이 나타나되 15 악인에게는 그 빛이 차단되고 그들의 높이 든 팔이 꺾이느니라 16 네가 바다의 샘에 들어갔었느냐 깊은 물 밑으로 걸어 다녀 보았느냐 17 사망의 문이 네게 나타났느냐 사망의 그늘진 문을 네가 보았느냐 18 땅의 너비를 네가 측량할 수 있느냐 네가 그 모든 것들을 다 알거든 말할지니라 19 어느 것이 광명이 있는 곳으로 가는 길이냐 어느 것이 흑암이 있는 곳으로 가는 길이냐 20 너는 그의 지경으로 그를 데려갈 수 있느냐 그의 집으로 가는 길을 알고 있느냐 21 네가 아마도 알리라 네가 그 때에 태어났으리니 너의 햇수가 많음이니라 (욥 38:4-21)

38장에서 41장까지는 하나님이 등장하셔서 결론을 이야기하시는 대목인데, 우리는 읽어도 그 맥락이 선뜻 눈에 들어오지 않습니다. 본문은 폭풍우 속에서 하나님이, 엘리후가 했던 권면과 책망에 이어서 말씀하시는 대목입니다. 땅과 바다, 하늘과 저승, 즉 창조 세계의 모든 영역을 망라하여 말씀하시는 것입니다.

내가 없는 곳은 없다

본문 말씀에서 하나님은 무소부재하시며 안 계신 곳이 없다고 이야기합니다. 욥이 친 아우성은 '하나님, 저를 만나 주십시오' 라는 절규였습니다. '하나님이 계시다면 이런 일이 있을 수 없

습니다. 하나님은 지금 제 현실에 부재하십니다'라는 욥의 탄원
에 대하여 하나님은 '내가 없는 곳은 없다. 나는 어디에나 있다'
라고 답하십니다. '네가 나를 없다고 해도, 나는 없을 수 없다.
나는 하나님이다. 나는 폭풍우 속에서 맹렬하게 있었다'라고 하
십니다. 그러니 이 대목은 맹렬하게 읽어야 합니다.

　이어 땅, 바다, 하늘, 저승까지 망라하는 이야기를 하는데, 그
중 8절에서 바다에 관해 이야기하는 대목이 흥미롭습니다. "바
다가 그 모태에서 터져 나올 때에 문으로 그것을 가둔 자가 누
구냐." 가둔 자가 누구냐고 묻는데, 가둔다는 말은 막는다는 뜻
입니다. '가뒀다, 막았다'라는 단어는 욥기 서두에서도 등장한
적이 있습니다. 하나님이 사탄에게 "나의 의로운 종 욥을 보았
느냐? 그처럼 하나님을 경외하는 자는 없다"라고 하실 때 사탄
이 "하나님이 울타리로 그를 두른 탓입니다. 울타리로 막아 그
를 보호했기 때문에 그가 하나님에게 잘하는 것입니다"라고 반
박합니다. 여기서 '두른다'라는 단어가 등장합니다. 이 말은 '막
아 보호한다'라는 의미입니다. 이어 하나님은 울타리를 허물겠
다는 사탄의 제안을 수락하시며, "그래? 그러면 그것을 무너트
려 보아라"라고 해서 욥의 고난이 시작되었습니다.

　'바다가 그 모태에서 터져 나올 때에 문으로 그것을 가둔 자가
누구냐 그 때에 내가 구름으로 그 옷을 만들고 흑암으로 그 강보
를 만들고 한계를 정하여 문빗장을 지르고 이르기를 네가 여기
까지 오고 더 넘어가지 못하리니'(욥 38:8-11 상)라는 말씀을 봅시
다. 육지가 바다를 막았다는 말입니다. 해변에 가 보면 으르렁거
리는 파도를 볼 수 있습니다. 그런데 으르렁거리며 왔다가 물러

갈 뿐 경계를 넘어오지는 못합니다. 밤낮 으르렁거리기만 할 뿐입니다. 넘어오지 못하게 하나님이 막으셨다는 것입니다. 넘쳐나는 난폭함과 무질서를 간신히 막고 있다는 개념보다 한 단계 더 나아가 명령하여 바다를 막아서 넘어오지 못하게 했다는 이야기입니다. 11절에 '네가 여기까지 오고 더 넘어가지 못하리니 네 높은 파도가 여기서 그칠지니라'라고 하는 것이 그 뜻입니다.

9절은 어떻게 되어 있나 보십시오. "그 때에 내가 구름으로 그 옷을 만들고 흑암으로 그 강보를 만들고"(욥 38:9). 강보가 무엇입니까? 어린아이를 싸서 안는 포대기입니다. 하나님에게는 바다가 으르렁거리는 난폭한 존재가 아니라 갓난아이와 같아서 아이를 강보로 안듯이 바다를 감싸안으신다는 것입니다. 바다는 넘실대며 쳐들어올 것 같지만 한군데 모여서 뭔가를 감싸안고 있습니다. 돌고래, 연어, 복, 돔, 이렇게 다 감싸안고 있는 곳이기도 합니다. 넘실대는 무서운 바닷속에 이런 풍부한 생물들이 존재하고 있었다는 사실을 놓치고 살았지만, 그들은 여전히 존재하듯, 여기서 드러나는 진리는 '내가 없다고 네가 아우성쳤던 그때도 나는 있었다'라는 것입니다.

이어 12절을 보겠습니다. "네가 너의 날에 아침에게 명령하였느냐 새벽에게 그 자리를 일러 주었느냐 그것으로 땅 끝을 붙잡고 악한 자들을 그 땅에서 떨쳐 버린 일이 있었느냐"(욥 38:12-13). 아침과 새벽은 무엇이 지나야 오는 자리입니까? 밤이 지나야 오는 자리입니다. 밤을 전제한 자리입니다. 우리는 광명한 시간만 의롭고 의미 있는 자리이고, 암흑한 시간은 차단되고 억압되고 버려진 시간이라고 생각하지만 그렇지 않다는 것입니다. 바다를 막았다고 표현하지 않고 바다를 감싸안았다고 말하는 것처럼 말입니다. 이런 말이 있습니다. '밤은 천 개의 눈을 가지고 있다. 낮은 오직 한 개의 눈을 가지지만.' 멋있는 말입니다. 낮에는 보이는 대로 볼 뿐이지만, 밤에는 상상력이나 시상(詩想)에 따라 다르게 보입니다. 밤에 숲을 본 적이 있습니까? 낮에 보면 평범한 숲인데, 밤에 볼 때는 곳에 따라 다르게 보입니다. 밤은 별이 뜨는 시간이니, 해와 별이 한꺼번에 보일 수는 없습니다. 지금 그 이야기를 하는 중입니다.

19절에 가면 이런 이야기가 나옵니다. "어느 것이 광명이 있는 곳으로 가는 길이냐 어느 것이 흑암이 있는 곳으로 가는 길이냐"(욥 38:19). 낮과 밤, 이 둘이 대등하게 자리를 허락받고 있습니다. 낮만이 아니라 밤도, 형통만이 아니라 고난도, 자랑만이 아니라 억울함도 공존하고 있습니다. 낮과 밤 중 하나는 옳고 하나는 그른 것이 아닙니다. 이 둘은 마치 피아노의 건반 같습니다. 흰 건반과 검은 건반이 있듯이, 낮과 밤이 있는 것입니다. 그래서 본문 말씀은 '하나님의 창조 속에, 하나님의 통치와 주권 속에, 하나님의 의로우심과 선하심과 성실하심을 벗어난 일은 없다' 하고 이야기하는 것입니다. 우리는 언제나 이분법에 익숙한 눈으로만 봅니다. 옳고 그름, 성공과 실패, 자랑과 수모, 이 같은 구별밖에 못하는 것입니다.

앞에서 '아브라함에게 이삭을 바치라고 했을 때 이삭의 죽음과 생명은 묶여 있었다. 아브라함이 이삭을 잡는 순간, 사망과 생명이 서로 손을 잡았다'라고 했던 것을 기억합니까? 예수께서 십자가에서 죽으시고 부활하신 사건을 통해 우리는 절망과 실패가 승리로 가는 문과 손잡고 있다는 사실을 확인했습니다. 이 확인이 없으면 신앙생활을 할 수 없습니다.

우리가 늘 옳을 수는 없습니다. 우리의 것을 쌓아서 하늘에 닿으려는 것은 바벨탑 사건처럼 무모합니다. 층을 쌓아서 하늘까지 이를 수는 없습니다. 하나님이 우리의 부족함과 연약함과 변덕과 배신과 이 모든 것을 가지고 우리를 생명이 되게 하십니다. 예수 안에서 부활과 영광의 승리를 주십니다. '너희의 존재와 경험 속에서 만나는 어떤 일도 나의 성실과 능력과 선함을 방해할 수 없다'라고 말씀하십니다. 그래도 우리 마음에는 썩 내키지 않습니다. 현실이 고통스럽기 때문입니다.

부르짖었던 자리에서 계속 일하셨던 하나님

호세아 12장 말씀을 봅시다.

에브라임은 바람을 먹으며 동풍을 따라가서 종일토록 거짓과 포학을 더하여 앗수르와 계약을 맺고 기름을 애굽에 보내도다 여호와께서 유다와 논쟁하시고 야곱을 그 행실대로 벌하시며 그의 행위대로 그에게 보응하시리라 야곱은 모태에서 그의 형의 발뒤꿈치를 잡았고 또 힘으로는 하나님과 겨루되 천사와 겨루어 이기고 울며 그에게 간구하였으며 하나님은 벧엘에서 그를 만나셨고 거기에서 우리에게 말씀하셨나니 여호와는 만군의 하나님이시라 여호와는 그를 기억하게 하는 이름이니라

그런즉 너의 하나님께로 돌아와서 인애와 정의를 지키며 항상
너의 하나님을 바랄지니라 (호 12:1-6)

3절 이하를 보면, '야곱은 모태에서 그의 형의 발뒤꿈치를 잡
았고 또 힘으로는 하나님과 겨루되 천사와 겨루어 이기고 울며
그에게 간구하였으며 하나님은 벧엘에서 그를 만나셨'(호 12:3-
4 상)다고 합니다. 이 구절에서는 얍복 나루 사건이 먼저 나오고
벧엘 사건이 뒤에 나오는데, 시간상으로는 벧엘 사건이 얍복 나
루 사건보다 앞서 있습니다.

　더 이상 도망갈 데가 없는 상황에 몰린 야곱은 얍복 나루에서
하나님과 씨름합니다. 또 벧엘은 어떤 곳입니까? 야곱이 형을
속여서 장자의 권리를 빼앗자 형이 그를 죽이려고 합니다. 도망
갈 수밖에 없는 처지에 놓인 야곱이 외삼촌의 집으로 피난 가는
길에 돌베개를 베고 자던 곳이 바로 벧엘입니다. 하나님이 그를
찾아오신 자리입니다. 하나님이 참고 참다가 얍복 나루에서 야
곱에게 나타나신 것이 아닙니다. 마찬가지로 욥이 어떻게 하나
지켜보고만 있다가 마지막에 짠 하고 나타나신 것이 아닙니다.

　욥이 부르짖었던 자리에서, 그가 거부했던 모든 고난과 억울
함 속에서 하나님은 계속 일하고 계셨습니다. 기다리다 지친 하
나님이 얍복 나루터에서 야곱과 담판을 지으러 내려오신 것이
아닙니다. 야곱이 자기 혼자 힘으로 살아야 하는 줄 알고 외삼
촌네 집에서 외롭고 어렵게 연명하며 재산을 늘리기 위해 몸부
림쳤던 그 모든 나날들이 사실은 하나님이 함께하신 날들이었
습니다. 하나님이 얍복 나루터에서 야곱을 만나 씨름하셨듯 야

곱의 인생 내내 그의 선택과 결정과 방황에도 함께하셨습니다.

맹렬히 개입하시는 오늘

야곱과 욥을 본보기로 삼고 살아도 우리는 오늘 하루가 바로 하나님이 우리 인생에 맹렬히 개입하고 계시는 날이라고 잘 느끼지 못합니다. 제가 시를 하나 준비했습니다. 정호승 시인의 〈우박〉*이라는 시입니다. 하나님이 어떻게 폭풍우 속에서 매일 맹렬하게 개입하시는지 이 시에 잘 나타나 있습니다.

하늘에 무슨 슬픈 일이 저리 있어서
또 누구의 서러운 죽음 있어서
저리도 눈물마저 단단해져서
배추밭에 우박으로 쏟아지는가
나는 퍽퍽 구멍 뚫리는 배추잎이 되어
쏟아지는 우박마다 껴안고 나뒹군다
하늘에 계신 누님의 눈물 같아서
하늘에 계신 어머님의 눈물 같아서
온몸이 아프도록
온몸에 숭숭 구멍이 뚫리도록

* 정호승, 《외로우니까 사람이다》(열림원), 46쪽.

정말 이렇게 느낍니까? 하나님이 정말 쏟아지는 우박처럼 느껴집니까? 하나님이 외면하시거나 우리 기도에 응답하지 않으시는 날은 없습니다. 우리가 하나님을 잘못 생각할 때가 많을 뿐입니다. 이 문제를 확연히 드러내 주는 장면이 있습니다. 시편 105편입니다.

> 그가 또 그 땅에 기근이 들게 하사 그들이 의지하고 있는 양식을 다 끊으셨도다 그가 한 사람을 앞서 보내셨음이여 요셉이 종으로 팔렸도다 그의 발은 차꼬를 차고 그의 몸은 쇠사슬에 매였으니 곧 여호와의 말씀이 응할 때까지라 그의 말씀이 그를 단련하였도다 (시 105:16-19)

요셉의 생애는 요셉의 뜻과 무관하게 펼쳐집니다. 이 시편 말씀에서 '그'는 하나님입니다. 하나님이 주어입니다. 그가 기근을 부르고 그가 한 사람을 앞서 보내십니다. 그가 요셉을 감옥에 보내고 그의 손발을 족쇄에 묶고 그의 몸을 쇠사슬로 묶습니다. 왜 그렇게 합니까? 그의 말씀이 응하도록 하기 위함입니다. '그의 말씀이 그를 단련하였도다.' 단련이란 천 번 만 번 불에 굽는 것입니다. 우리 인생도 그렇지 않습니까. 하나님이 외면하고 돌아보지 않는 날은 없다고, 그런 경우는 없다고 성경은 이야기합니다.

욥의 비명과 불만과 억울한 외침에 하나님이 어떻게 등장하십니까? 폭풍우 속에서 등장하십니다. '하나님은 인과 법칙에 따라서만 일하신다'는 세 친구와 엘리후의 말을 하나님은 '그렇지 않다'는 대답으로 날려 버리십니다. 인과 법칙이 무효하다는 의미가 아니라 하나님은 그것보다 크시다는 것입니다. 질서도 중요하고 법도 중요하지만 하나님은 그것들보다 크십니다. 우리의 모든 삶과 현실과 희망의 잣대와 근거를 하나님 위에 세워야 합니다. 의로우시고 선하시고 자비로우시고 전능하시고 은혜로우신 하나님 위에 세우십시오. 그러면 우리가 겪는 어떤 경우도 우리를 손해나게 할 것은 없다는 사실을 깨닫게 될 것입니다. 이것이 '내가 네게 허락한 것을 다 이루기까지 너를 떠나지 아니하리라'(창 28:15)라는 약속이 주어진 나날을 살아가는 신자가 가진 힘이고 현실입니다. 그 감사와 기적을 누리는 인생이 되기를 바랍니다.

질문하기

1.

욥이 '하나님은 지금 제 현실에 부재하십니다'라고 탄원할 때 하나님이 하신 대답은 무엇입니까?

2.

하나님은 넘쳐 나는 난폭함과 무질서를 간신히 막고 계시는 분이 아닙니다. 하나님이 바다에게 명령할 때 무슨 일이 벌어집니까?

3.

'하나님은 인과 법칙에 따라서만 일하신다'라는 세 친구와 엘리후의 말을 하나님은 어떻게 하십니까?

나누기

하나님의 부재를 느꼈던 적이 있다면 나누어 봅시다.

09 욥_
이 자리에서
하나님이 일하십니다

1 욥이 여호와께 대답하여 이르되 2 주께서는 못 하실 일이 없사오며 무슨 계획이든지 못 이루실 것이 없는 줄 아오니 3 무지한 말로 이치를 가리는 자가 누구니이까 나는 깨닫지도 못한 일을 말하였고 스스로 알 수도 없고 헤아리기도 어려운 일을 말하였나이다 4 내가 말하겠사오니 주는 들으시고 내가 주께 묻겠사오니 주여 내게 알게 하옵소서 5 내가 주께 대하여 귀로 듣기만 하였사오나 이제는 눈으로 주를 뵈옵나이다 6 그러므로 내가 스스로 거두어들이고 티끌과 재 가운데에서 회개하나이다

(욥 42:1-6)

욥기가 어렵게 느껴지는 것은 마지막 결론이 통쾌하지도 않고 분명하지도 않기 때문입니다. 또 하나님의 답이 쉽게 이해되지 않습니다. 이것이 어째서 욥기의 결론인지 의아합니다. 아마 부정적인 것을 모조리 제거하거나 모든 의문을 속 시원히 해소하는 결론이 나올 것이라는 우리의 기대가 이해를 어렵게 만드는지도 모르겠습니다. 욥이 가진 억울함이 명쾌하게 해결되지 않고 욥에게나 욥기를 읽는 독자들에게나 하나님의 답이 시원하고 분명한 결론으로 주어지지 않아 답답합니다. 왜 하나님의 답은 시원하지도 분명하지도 않게 제시되어 있을까요?

욥이나 세 친구는 다 인과응보라는 법칙에 묶여 있는 신앙을 가지고 있었습니다. 그런데 하나님이 등장하셔서 예상과는 동떨어진 답을 주십니다. 우리가 볼 때는 잘못됐다고 생각하는 일들, 예를 들어 낮과 밤에서는 밤, 형통과 고난에서는 고난, 성공과 실패에서는 실패, 이런 것들은 없어야 좋을 것 같은데, 하나님은 이것들이 없어져야 하는 것이 아니라고 하십니다. 이런 것들도 배제되어서는 안 된다는 것입니다. 그래서 욥기의 결론은 어렵습니다. 그러면 하나님이 실패를 조장하신다는 말인가, 하나님이 불의를 방관하신다는 말인가, 하는 생각도 듭니다.

하나님은 욥의 생각이 얼마나 좁고 닫혀 있는지를 지적하셨습니다. 본문에서 보는 바와 같이 하나님은 못하실 일이 없는 분입니다. "욥이 여호와께 대답하여 이르되 주께서는 못 하실 일이 없사오며 무슨 계획이든지 못 이루실 것이 없는 줄 아오니"(욥 42:1-2). '못 하실 일이 없사오며 못 이루실 것이 없'다는 말은 하나님에 대한 우리의 경외이며 고백입니다.

욥기 내내 나왔던 내용은 우리가 쓸데없거나 억울하다고 생각했던 일들, 필요 없다고 생각했던 일들이 하나님의 뜻에서 벗어나 있는 일이 아니었다는 것입니다. 하나님은 하나님의 의로우심과 선하심으로 그 모든 것을 만들고 제어하고 계시다는 것입니다. 따라서 우리에게 생기는 고난이나 어려움이나 한계는 우리를 제한하는 것이 아니라 하나님이 우리로 어딘가를 뛰어넘게 하시는 과정이라고 가르칩니다. 그리하여 결국 욥에게서

"그렇습니다. 하나님은 못하실 일이 없으십니다"라는 고백을 받아 내십니다. 하나님의 답변을 통해 비로소 욥은 자기 이해와 자기 확인이라는 닫힌 방문을 열어젖히게 된 것입니다.

　본문에 그 고백이 터져 나옵니다. 지금껏 이해하고 확인하고 상상했던 세계를 하나님과의 만남을 통해 넘어섭니다. 하나님이 보여 주신 증거는 무엇입니까? 자연입니다. '창조 세계에서 네가 다루고 조작할 수 있는 것이 무엇이 있더냐? 그럼에도 네가 그것들보다 큰 존재임을 생각해 보아라.' 마태복음 6장에서도 예수님은 이 창조에 기대어 말씀합니다. '공중의 새를 보라. 들의 백합화가 어떻게 자라는가 생각해 보라. 오늘 있다가 내일 아궁이에 던져지는 들풀도 하나님이 이렇게 입히시거든 하물며 너희일까보냐. 믿음이 작은 자들아.' 주님을 세 번 부인했던 베드로 역시 자신의 이해와 한계를 벗어나 하나님을 붙잡습니다. '내가 주님을 사랑하는 줄 주님께서 아시나이다'라는 고백이 그것입니다. '하나님은 무소부재하시며 전지전능하십니다. 그러니 저를 붙잡아 제가 겪은 한계와 무지, 주를 부인했던 모든 잘못을 합하여 선을 이루어 주시지 않는다면 저에게는 답이 없습니다'라는 고백으로 자신을 바친 것입니다.

티끌과 재 가운데서 회개하나이다

하나님이 얼마나 크신 분인지에 대해 다만 물리적인 개념이나 공간적인 개념으로 말하는 것이 아닙니다. 성경이 거듭 확인하고 강조하는 바는 하나님은 깊고 무한하시고 우리가 측량할 수 없는 분이라는 사실입니다. 그런 하나님을 만난 욥은 이렇게 고백합니다. "그러므로 내가 스스로 거두어들이고 티끌과 재 가운데에서 회개하나이다"(욥 42:6).

티끌과 재 가운데에서 회개한다는 것은 무슨 뜻입니까? '이 낮아진 자리, 이 고난의 자리에서 다시 일어섭니다. 하나님의 통치와 선하신 뜻 아래서는 헛된 것도 몹쓸 것도 없습니다. 모든 것이 가치 있습니다. 티끌과 재도 가치가 있습니다. 그 자리에서 일어설 수 있습니다. 제가 티끌이고 재에 불과하다고 하더라도 상관없습니다. 일어서겠습니다. 왜냐하면 하나님은 창조주시기 때문입니다.' 이런 고백이 터져 나오는 것입니다.

욥은 '나는 이 자리에서 일어설 뿐만 아니라, 하나님이 이런 형편을 가지고서도 일하신다는 것을 인정합니다'라고 하는 데까지 나아갑니다. 예수님이 가신 십자가의 길이 예수님의 영광을 이루어 내는 길이라고 욥도 확인했기 때문입니다. 우리에게 십자가와 죽음은 억울한 것처럼 보입니다. 창조주가 피조물들에게 모욕당하고 자신을 그들의 결정에 맡겨 그들의 손에 넘겨져 죽임을 당합니다. 그러나 그것으로 부활을 이루셨으므로, 신자에게는 겁날 것이 없습니다. 성경 어디서나 강조되는 내용입니다.

그러나 우리는 이 지점에서 겁을 냅니다. 내가 아는 조건이 있으면, 그 방법대로 되어야 한다고 믿어서 하나님의 일하심이 늘 부족하게 여겨지는 것입니다. 더 많이 울어야 답을 주시는 것인지, 더 많은 조건을 만족시켜야 해결되는 것인지 물으면서 말입니다. 우리는 그 깊은 골을 메우지 못하고 체념과 불안 속에서 신자의 인생을 보냅니다. 그러나 나에게 생기는 억울한 일뿐만이 아니라 나의 부족한 것까지 사용하셔서 하나님이 나를 만드십니다. 그래서 예수께서 인간으로 오신 것입니다. 죽을 수 있는 연약한 자리에 오셨습니다. 이제 욥이 티끌과 재 가운데서 일어나 회개하며 스스로 거두어들이겠다고 고백할 수 있게 되었습니다.

시편 8편에서 중요한 말씀을 하나 확인해 보겠습니다. "여호와 우리 주여 주의 이름이 온 땅에 어찌 그리 아름다운지요 주의 영광이 하늘을 덮었나이다 주의 대적으로 말미암아 어린 아이들과 젖먹이들의 입으로 권능을 세우심이여 이는 원수들과 보복자들을 잠잠하게 하려 하심이니이다"(시 8:1-2). 하나님이 어린아이와 젖먹이들을 사용하여 일하신답니다. 어린아이와 젖먹이의 입으로 권능을 세우실 것입니다. 하나님의 팔로 하실 것입니다. 마태복음 11장에 가면 이런 하나님의 일하심이 소개되어 있습니다.

그 때에 예수께서 대답하여 이르시되 천지의 주재이신 아버지여 이것을 지혜롭고 슬기 있는 자들에게는 숨기시고 어린 아이들에게는 나타내심을 감사하나이다 옳소이다 이렇게 된 것이 아버지의 뜻이니이다 내 아버지께서 모든 것을 내게 주셨으니 아버지 외에는 아들을 아는 자가 없고 아들과 또 아들의 소원대로 계시를 받는 자 외에는 아버지를 아는 자가 없느니라 (마 11:25-27)

지혜롭고 슬기 있는 자와 어린아이가 대조되어 있습니다. 자기가 아는 것, 자기가 할 수 있는 것을 전부로 여기는 사람들의 세계와 하나님이 기르시고 하나님이 친히 승리를 주시는 사람들의 세계가 대조되어 있습니다. 자기가 만든 세계에 갇혀 있는 자를, 하나님이 주시는 것을 받아들이는 자와 대조하는 것입니다. 그래서 곧바로 터져 나오는 외침이 '수고하고 무거운 짐 진 자들아'입니다. 이 수고하고 무거운 짐 진 자들이 욥기에서는 바로 욥과 그의 세 친구들입니다. "하나님! 어떻게 인생이 이렇습니까? 이렇게 열심히 믿는데, 왜 보상이 없습니까? 이게 뭡니까?"

'수고하고 무거운 짐 진 자들아 다 내게로 오라 내가 너희를 쉬게 하리라 나는 마음이 온유하고 겸손하니 나의 멍에를 메고 내게 배우라'(마 11:28-29 상). 욥은 결국 이렇게 대답합니다. "티끌과 재 가운데서 회개하나이다. 아니, 티끌과 재를 뒤집어써도 좋습니다." 주님의 죽으심과 주님이 받은 모욕과 수치와 고난을 생각해 보십시오. 욥의 의문이 여기에 와서 풀리는 것입니다.

이사야 53장에 소개된 메시아에 관한 예언에서 하나님의 종은 고난받는 종으로 묘사됩니다. '그는 자라나기를 연한 순 같고 볼품이 없어서 사람들에게 싫은 바 되고 외면당했다'(사 53:2 참조)라고 소개됩니다. 마찬가지로 욥도 예수와 동일한 길을 가면서 자신이 하나님의 일하심의 동반자로 부름받았음을 깨닫게 됩니다.

너는 그들과 다른 존재다

욥기 38장을 보면 하나님은 욥을 어떻게 대우하십니까? 창조 세계에서 욥은 하나님의 초대를 받은 귀한 손님 같습니다. 손님 이란 극진한 대접을 받는 존재입니다. 하나님이 욥을 귀한 손님 처럼 존귀하게 대접하시는 것입니다. '너는 피조물이지만 나는 너를 내 자식으로 세웠다. 나와 함께 이 세상을 다스리도록 너를 불렀다. 너는 저들과 다른 존재다'라는 것입니다. 그러면서 하나님의 통치가 얼마나 큰지를 보여 주십니다. 옳고 그름이 전부인 이분법의 통치가 아닌, 하나님의 권능과 지혜와 선하심과 능력의 통치를 보여 주십니다.

왜 그런 일을 보여 주실까요? 욥을 통치자의 자리로 부르셨기 때문입니다. 그러자 욥이 '무지한 말로 이치를 가리는 자가 누구입니까? 주께서는 무소부재하시고 전지전능하시니 못하실 일이 없습니다. 나를 붙드소서'라는 고백을 합니다. 이런 고백은 강요에서 나오지 않습니다. 자유에서 나옵니다. 자신의 선택인 것입니다. 강요받는 것이 아니라 납득하는 것입니다. 자원하는 것입니다. 하나님은 욥에게 그것을 요구했던 것입니다.

우리에게서도 이 답을 들으실 때까지 하나님은 포기하거나 타협하지 않으십니다. 우리 모두는 욥입니다. 그래서 신자의 인생은 고단할 수밖에 없습니다. 다른 것으로 대신하거나 스스로를 속일 수 없습니다. 하나님 앞에서 그분의 사랑을 받는 자로 우리가 일어서기까지 하나님은 포기하지 않으십니다.

우리의 인생과 존재의 가치는 쉽게 타협할 수 있는 것이 아니라고 하십니다. 하나님의 형상으로 지음을 받은 우리가 티끌과 재가 되는 자리까지 내몰릴 수 있지만, 그것은 하나님이 창조와 권능으로 빚으신 자리인 것을 우리로 깨닫게 하셔서 우리의 높고 낮음, 우리의 취향과 기호를 초월하는 하나님의 통치에 항복하게 하십니다. 하나님이 우리를 독립된 인격으로 지으신 다음 우리에게 하나님의 명예를 부여하시고, 그의 통치에 동반자로 부르셨다는 사실을 깨우쳐 주십니다. 이러한 하나님의 개입과 신자들의 확인, 우리의 자유로운 선택과 기쁜 책임이 욥기의 결론이며 증언입니다. 우리의 신앙 고백과 믿음을 말씀에 더 깊이 비추어 보며 위대한 신자로 살아가기를 바랍니다.

질문하기

1.

욥이 지금껏 이해하고 확인하고 상상했던 세계를 넘어서게 하기
위해 하나님이 보여 주신 증거는 무엇입니까?

2.

티끌과 재 가운데서 회개한다는 것은 무슨 뜻입니까?

3.

하나님이 욥에게 창조 세계를 보여 주시는 까닭은 무엇입니까?

나누기

하나님의 통치에 동반자로 부름받았다는 사실을 깨달았던 일에
대해 나누어 봅시다.

10 고난_
하나님의 축복

1 욥이 여호와께 대답하여 이르되 2 주께서는 못 하실 일이 없사오며 무슨 계획이든지 못 이루실 것이 없는 줄 아오니 3 무지한 말로 이치를 가리는 자가 누구니이까 나는 깨닫지도 못한 일을 말하였고 스스로 알 수도 없고 헤아리기도 어려운 일을 말하였나이다 4 내가 말하겠사오니 주는 들으시고 내가 주께 묻겠사오니 주여 내게 알게 하옵소서 5 내가 주께 대하여 귀로 듣기만 하였사오나 이제는 눈으로 주를 뵈옵나이다 6 그러므로 내가 스스로 거두어들이고 티끌과 재 가운데에서 회개하나이다

(욥 42:1-6)

욥기가 어려운 이유는 결론이 우리의 기대와 다르기 때문이라고 했습니다. 욥기는 우리가 기대하던 속 시원하고 분명한 결론 대신 창조의 깊이와 넓이, 하나님의 통치의 즐거움에 대한 설명으로 갈음하고, 마지막 장인 42장에서 욥의 항복과 회개에 대해 짧게 묘사한 후 끝이 납니다. 물론 거기에 욥이 받은 일종의 보상으로 자녀의 복과 재산의 복이 나오지만 우리에게는 조금 미흡해 보이는 결말입니다.

하나님의 임재와 부재의 연속성

욥기의 결론에서 핵심은 42장 1절부터 6절에 있는 욥의 고백인데, "내가 주께 대하여 귀로 듣기만 하였사오나 이제는 눈으로 주를 뵈옵나이다"(욥 42:5)라는 구절이 가장 함축적입니다. 물론 "주께서는 못 하실 일이 없사오며 무슨 계획이든지 못 이루실 것이 없는 줄 아오니"(욥 42:2)라는 구절도 매우 중요한 고백이지만, 이번 장에서는 5절에 담긴 표현에 집중해 보겠습니다. '귀로 듣기만 하던 하나님을 눈으로 본다'라는 말의 의미는 욥기 전체에 깔려 있는 욥의 비명과 불평을 전제해야만 바르게 이해할 수 있습니다. 다시 말해 '하나님이 저를 외면하셔서 제가 답이 없는 억울한 고통 속에 있습니다'라는 불평 속에 있었으나 이에 대한 해답을 드디어 욥이 얻었다는 뜻입니다.

세 친구들은 욥이 재난을 겪고 하나님에게 외면당하는 이유를 욥이 먼저 하나님을 외면했기 때문이라고 지적합니다. 그러나 욥의 주장은, 자기는 하나님을 외면한 적이 없는데 하나님이 자기를 외면하시니 이유라도 알고 싶다는 것이었습니다. 이렇듯 하나님의 임재와 부재 사이의 혼란과 그 불가해함이 욥기의 중요한 소재입니다.

욥이 어려움을 당한 것은 하나님이 욥을 외면한 탓일까요? 물론 우리는 욥의 친구들이 제일 먼저 제기했던 "욥, 네가 하나님을 외면해서 하나님 없는 자리에 들어와 이 재앙이 생긴 것 아니더냐"라는 질문에는 이미 답을 내렸습니다. 욥은 의로운 사람이라는 것이 욥기 전체를 관통하는 설정입니다. 욥은 죄를 짓지 않았는데, 하나님과 사탄 사이에 벌어진 내기 때문에 고난이 시작된 것입니다.

욥에게는 하자가 없었습니다. 그러므로 우리는 욥의 비명에 귀를 기울여야 합니다. 욥은 '나는 하나님을 외면한 적이 없는데, 왜 하나님은 나를 외면하시는가?' 하는 물음에 대한 해답을 이제 압니다. 그래서 "내가 주께 대하여 귀로 듣기만 하였사오나 이제는 눈으로 주를 뵈옵나이다"(욥 42:5)라고 고백할 수 있었던 것입니다.

욥이, 하나님이 부재하신다고 느꼈던 상황도 실제로는 하나님이 임재하시는 현장이었다는 뜻입니다. 욥은 자신이 당한 고난이 하나님의 외면으로 말미암아 생긴 재앙이 아니라 하나님이 자신에게 힘껏 복을 주시는 또 다른 방법이었다고 이해하게 된 것입니다.

이런 이해를 가지고 살펴보면, 욥에게 주신 하나님의 답은 이런 것입니다. '네 이해와 동의와 간절함 위에 나의 은총이 서 있는 것이 아니라 네 무지와 한계와 고집 위에 이 모든 것을 초월하는 나의 성실함과 거룩함이 있다.' 우리가 불가능하다고 생각하는 일들과 우리가 무력하다고 느끼는 일들 모두에 하나님의 거룩하심과 자비하심과 능력이 역사하지 않는다면 우리는 희망을 가질 수 없을 것입니다. '내가 그 모든 것을 초월하여 성실과 자비와 긍휼과 능력으로 일한다는 것을 안다면 너는 네게 일어나는 어떤 일도 겁낼 필요가 없다.' 하나님은 고난을 통해 이런 말씀을 하고 계신 것입니다. 욥은 하나님이 보여 주신 창조 세계에서 하나님의 이 대답을 발견한 것입니다.

이에 욥은 "내가 주께 대하여 귀로 듣기만 하였사오나 이제는 눈으로 주를 뵈옵나이다"(욥 42:5)라고 고백하게 됩니다. 욥은 자신이 세상 밖에 홀로 떨어져 있다고 생각했는데, 드디어 이 생각이 깨어집니다. 하나님은 고난당하는 욥에게 창조 세계를 보여 주시면서 여러 피조물들에 대해 말씀하십니다. 설마 하나님의 영역 안에 있을 거라고 생각하지 못했던 것까지도 하나님의 영역 안에 있었음을 비로소 욥은 깨닫습니다. 그러면서 자신도 내내 하나님의 세계 속에 있었음을 알게 된 것입니다.

욥은 이렇게 고백합니다. '맞습니다. 하나님, 저는 하나님이 저와 함께하실 때도 있고 저를 떠나 계실 때도 있다고 생각했습니다. 그러나 이제 알겠습니다. 귀로 듣기만 했던 하나님을 이제 눈으로 봅니다. 하나님이 없다고 생각했던 모든 순간에도 하나님은 저와 함께하셨고 일하셨습니다. 티끌과 재 가운데, 수치스럽고 절망스러운 자리에 처해 있어도 괜찮습니다. 하나님, 제가 티끌과 재 가운데서 회개합니다.' 하나님의 성실하심이 우리의 가장 못난 자리를 덮을 수 있고, 싸맬 수 있고, 구원할 수 있다고 욥은 드디어 항복합니다.

하나님의 긍휼에서 도망갈 수 없다

이런 내용을 더 깊이 이해하기 위해 로마서 11장에 가 봅시다.

> 너희가 전에는 하나님께 순종하지 아니하더니 이스라엘이 순종하지 아니함으로 이제 긍휼을 입었는지라 이와 같이 이 사람들이 순종하지 아니하니 이는 너희에게 베푸시는 긍휼로 이제 그들도 긍휼을 얻게 하려 하심이라 하나님이 모든 사람을

순종하지 아니하는 가운데 가두어 두심은 모든 사람에게 긍휼을 베풀려 하심이로다 (롬 11:30-32)

이해하기 만만치 않은 대목입니다. 구원이 어떻게 이방에게 넘어갔는지를 이야기합니다. 본래 구원의 약속을 받았던 이스라엘 백성이 하나님을 배신하는 바람에 그 복이 이방으로 넘어갔다고 합니다. 마치 이쪽 그릇에 물을 담으려고 했는데, 이 그릇이 도망가는 바람에 원래는 담을 생각도 하지 않았던 저쪽 그릇에 물을 부었다는 느낌이 들지만, 그런 이야기가 아닙니다.

원래는 이스라엘이라는 그릇이 넘쳐야 이방에게로 넘어갈 수 있었던 것입니다. 이스라엘은 제사장 국가였기 때문에 하나님이 누구신지를 증거할 책임이 있고 그 책임을 다해야만 하나님이 누구신지가 이방에 전파될 수 있었던 것입니다. 그런데 이스라엘의 실패로 말미암아 복음이 이방으로 넘어갔다는 것은 하나님의 은혜가 순전히 하나님의 긍휼하심에 달려 있다는 점을 부각합니다. 그러니 그 무조건적인 긍휼의 속성에 비추어 보면 배신한 이스라엘도 구원을 받을 것이라는 생각이 바울의 논리입니다.

32절을 다시 보겠습니다. "하나님이 모든 사람을 순종하지 아니하는 가운데 가두어 두심은 모든 사람에게 긍휼을 베풀려 하심이로다"(롬 11:32). 마치 불순종에 긍휼을 묶어 놓고 하나님이 생색을 내는 것처럼 읽힐 수 있는 구절인데, 그런 말이 아니라 불순종하는 자들을 그냥 떠내려가게 놔두지 않고 떨어져 나가지 않게 막아 놓으셨다는 뜻입니다. 불순종의 영역 끝에 울타리를 하나 더 쳐 두어서 순종의 자리에서 불순종의 자리로 넘어간 자들도 최후의 보루인 불순종의 울타리 안에 가두어 두심으로 하나님이 베푸시는 긍휼을 받게 하신다는 뜻입니다.

우리는 지금 순종의 울타리 안에 있습니까, 아니면 불순종의 울타리 안에 있습니까? 불순종의 울타리 안에 있는 자들에게도 긍휼이 주어집니다. 이것이 은혜입니다. 이것이 모두의 입을 다물게 하는 기독교의 복음입니다. 모두가 설마 여기까지는 아닐 것이라고 생각하는 자리도 하나님의 긍휼에서 벗어날 수 없는 자리라고 성경이 말씀합니다. 예수님이 당신의 죽음으로 이것을 증명하셨습니다. 그런데 우리는 언제나 그 앞에 눈금을 만들어서 석차를 매깁니다. 자기가 어디쯤에 있는지 알고 싶은 것입니다. 사도 바울이 자신을 죄인 중의 괴수라고 했으니 우리는 어디쯤에 와 있을까요?

주를 본다는 것

이어지는 33절에 결론이 나옵니다. "깊도다 하나님의 지혜와 지식의 풍성함이여, 그의 판단은 헤아리지 못할 것이며 그의 길은 찾지 못할 것이로다." 하나님은 측량할 수 없는 분인데, 우리는 하나님을 다 헤아렸다고 오해합니다. '하나님은 이런 분이다. 그러니 우리는 이렇게 살아야 한다. 그런데 지금 너는 그렇게 못해서 고난을 받는 것이다.' 이것이 욥에게 전한 세 친구의 주장이며 우리가 일상에서 남에게 자주 하는 말이기도 합니다. 그것

가지고는 안 된다는 이야기입니다. '그의 판단은 헤아리지 못할 것이며 그의 길은 찾지 못할 것이로다'라고 합니다. 너무 깊어서, 너무 넓어서 그렇다는 이야기입니다. 계속 더 보겠습니다. "누가 주의 마음을 알았느냐 누가 그의 모사가 되었느냐 누가 주께 먼저 드려서 갚으심을 받겠느냐 이는 만물이 주에게서 나오고 주로 말미암고 주에게로 돌아감이라 그에게 영광이 세세에 있을지어다 아멘"(롬 11:34-36).

여기서 "누가 주께 먼저 드려서 갚으심을 받겠느냐"(롬 11:35)라는 표현은 욥기 41장에 있는 말을 인용한 것입니다. "누가 먼저 내게 주고 나로 하여금 갚게 하겠느냐 온 천하에 있는 것이 다 내 것이니라"(욥 41:11). 어떤 원칙이나 논리나 힘도 하나님을 떠밀지 못합니다. 하나님에게 뭐라고 할 자격을 갖춘 존재는 없습니다. 하나님은 그 모든 것을 다 감싸고 채우고도 넘치는 분입니다.

이제 욥은 하나님이 안 계신다고 생각했던 자리, 하나님이 외면하신다고 생각했던 경험, 자신에게 일어난 온갖 일에서 빚어진 이해할 수 없는 고통까지도 전부 하나님의 긍휼과 자비와 능력의 손길이라는 것을 알게 되자 "내가 주께 대하여 귀로 듣기만 하였사오나 이제 눈으로 주를 뵈옵나이다. 내가 티끌과 재 가운데서 회개하나이다"라고 고백합니다.

회개하십시오. 잘못했다고 씻어 내는 회개가 아니라, 하나님이 우리의 못난 대로 갚지 않으시고 내가 잘못한 것으로도 나에게 복을 주신다는 것을 인정하는 회개를 하십시오. "하나님이 나를 안 돌아보셨다, 내 편을 안 들어주셨다는 말을 다시는 하지 않겠습니다. 이제는 재와 티끌 가운데서도 살 수 있습니다. 누가 나를 뭐라고 하겠습니까"라고 말할 수 있는 경지에 이르십시오.

"내가 주께 대하여 귀로 듣기만 하였사오나 이제는 눈으로 주를 뵈옵나이다 그러므로 내가 스스로 거두어들이고 티끌과 재 가운데서 회개하나이다"(욥 42:5-6)라는 말씀이 욥기의 결론입니다. 어떤 형편도 예수 안에서 우리를 붙드시는 하나님의 은총과 능력에서 제외될 수 없다는 것이 우리의 신앙 고백이며 인생인 줄 아는 복이 있기를 바랍니다. 주를 본다는 것은 창조 세계의 실재를 보는 것입니다. 이상과 원칙만이 아니라 실제 현실을 보는 것이며, 바로 거기서 일하시는 하나님의 은혜와 기적을 보는 것입니다. 우리의 이해와 상상을 넘어서 있는 하나님의 신비를 발견하는 은혜를 누리길 바랍니다.

질문하기

1.

욥기의 중요한 소재는 무엇입니까?

2.

고난당하는 욥은 하나님의 창조 세계를 보면서 무엇을 깨닫습니까?

3.

순종과 불순종의 울타리 안에 있는 모두에게 주어지는 것은 무엇입니까?

나누기

잘못했다고 씻어 내는 회개가 아니라, 하나님이 우리의 못난 대로 갚지 않으시고 내가 잘못한 것으로도 나에게 복을 주신다는 것을 인정하는 회개 시간을 가져 봅시다.

11 고난_
세상과 다른 기독교의 길

7 여호와께서 욥에게 이 말씀을 하신 후에 여호와께서 데만 사람 엘리바스에게 이르시되 내가 너와 네 두 친구에게 노하나니 이는 너희가 나를 가리켜 말한 것이 내 종 욥의 말 같이 옳지 못함이니라 **8** 그런즉 너희는 수소 일곱과 숫양 일곱을 가지고 내 종 욥에게 가서 너희를 위하여 번제를 드리라 내 종 욥이 너희를 위하여 기도할 것인즉 내가 그를 기쁘게 받으리니 너희가 우매한 만큼 너희에게 갚지 아니하리라 이는 너희가 나를 가리켜 말한 것이 내 종 욥의 말 같이 옳지 못함이라 **9** 이에 데만 사람 엘리바스와 수아 사람 빌닷과 나아마 사람 소발이 가서 여호와께서 자기들에게 명령하신 대로 행하니라 여호와께서 욥을 기쁘게 받으셨더라

10 욥이 그의 친구들을 위하여 기도할 때 여호와께서 욥의 곤경을 돌이키시고 여호와께서 욥에게 이전 모든 소유보다 갑절이나 주신지라 **11** 이에 그의 모든 형제와 자매와 이전에 알던 이들이 다 와서 그의 집에서 그와 함께 음식을 먹고 여호와께서 그에게 내리신 모든 재앙에 관하여 그를 위하여 슬퍼하며 위로하고 각각 케쉬타 하나씩과 금 고리 하나씩을 주었더라 **12** 여호와께서 욥의 말년에 욥에게 처음보다 더 복을 주시니 그가 양 만 사천과 낙타 육천과 소 천 겨리와 암나귀 천을 두었고 **13** 또 아들 일곱과 딸 셋을 두었으며 **14** 그가 첫째 딸은 여미마라 이름하였고 둘째 딸은 굿시아라 이름하였고 셋째 딸은 게렌합북이라 이름하였으니 **15** 모든 땅에서 욥의 딸들처럼 아리따운 여자가 없었더라 그들의 아버지가 그들에게 그들의 오라비들처럼 기업을 주었더라 **16** 그 후에 욥이 백사십 년을 살며 아들과 손자 사 대를 보았고 **17** 욥이 늙어 나이가 차서 죽었더라 (욥 42:7-17)

욥기는 끝이 좋습니다. 우리의 관심사는 끝이 어떻게 되었느냐 아닙니까. 욥기의 결말은 의미심장합니다. 욥이 고난 끝에 갑자기 복을 받았다는 한마디로 얼버무릴 수 없는 결말입니다. 본문 7절 이하에 나온, 하나님이 세 친구에게 노하시고 이들에게 욥을 찾아가서 용서를 구하도록 하신다, 하나님이 욥의 중재로 그들의 잘못을 용서하신다, 하는 결말을 깊이 생각해 보아야 합니다.

아무래도 좋다, 하나님이 하시는 일이라면

욥기 결말에서 하나님이 욥에게 주신 복은 무엇입니까? 딸 셋, 아들 일곱입니다. 아들을 언급해서는 욥이 받은 복의 크기나 아름다움을 다 설명하기 어려워서인지 성경에는 새로 얻은 딸들에 대한 묘사만 나옵니다. 첫째는 여미마, 둘째는 굿시아, 셋째는 게렌합북인데, 이 이름들의 뜻이 특이합니다. 여미마는 비둘기, 굿시아는 계피, 게렌합북은 아이섀도의 꼭지라는 뜻입니다. 이 이름들에 대해 엘렌 데이비스(Ellen F. Davis)라는 구약 신학자가 해석해 놓은 글이 있는데, 흥미롭습니다.

> 욥기의 시작과 끝에 나오는 아버지 욥의 초상은 그의 변화를 제대로 보여 준다. 한때 매우 신중하고 하나님을 두려워하고, 자녀들이 지을 수도 있는 죄를 두려워했던 이 성실한 남자 욥이 마지막에는 규칙을 아랑곳하지 않고 아들과 함께 딸도 귀하게 여겨 관습을 깨고 그들에게 유산을 주고 특이한 이름도 지어 준다. 이러한 대책 없는 부모 역할의 모델과 영감은 물론 창조주 하나님으로부터 얻은 것이다. 하나님이 폭풍우 속에서 말씀하실 때 욥은 배웠다. 그리고 이제 욥은 이렇게 자유분방한 하나님의 사랑으로 사랑한다. 혁명적으로 자유를 추구하며 각 자녀의 길들여지지 않은 아름다움을 만끽하면서 말이다.

인간의 상상과 기대를 뛰어넘는 하나님의 창조 세계를 경험한 욥은 그제야 다 필요 없고 하나님이 하시는 일이라면 아무래도 좋다는 생각이 들었던 것입니다.

하나님은 폭풍우 속에서 마지막에 나타나십니다. 그가 폭풍우

---

* 엘렌 데이비스, 《하나님의 진심》(복 있는 사람), 202쪽.

속에서 나타나신 것도 의미심장하고, 그렇게 나타나셔서 예쁜 딸들을 복으로 주셨다는 것도 좀 어울리지 않습니다. 드라마 중간에 갑자기 작가가 바뀌기라도 한 듯이 분위기가 확 달라집니다. 그러나 거기에 멋진 연속성이 있습니다.

욥기를 읽는 내내 우리는 하나님이 한발 떨어진 곳에서 지켜보고만 계시는 것 같은 느낌이 들었습니다. 고난당하는 욥을 두고 사탄과 내기를 하시는 하나님, 친구들과 욥의 논쟁을 지켜보고 계시는 하나님을 생각하면, 마치 제삼자의 입장에서 욥이 어떻게 하는지 관찰하는 심사 위원처럼 느껴집니다. 그런데 하나님이 폭풍우 속에서 나타나셨다는 표현은, 하나님이 그 모든 과정을 주관하시고 개입하셨음을 나타내는 비유입니다. 하나님의 마음이 폭풍이 몰아치듯 맹렬했다는 의미입니다.

호세아 11장에도 하나님의 이런 마음이 표현되어 있습니다. 죄를 범한 북 왕조 이스라엘을 꾸짖으신 다음 애가 타는 하나님의 마음이 이렇게 드러나 있습니다.

이스라엘이 어렸을 때에 내가 사랑하여 내 아들을 애굽에서 불러냈거늘 선지자들이 그들을 부를수록 그들은 점점 멀리하고 바알들에게 제사하며 아로새긴 우상 앞에서 분향하였느니라 그러나 내가 에브라임에게 걸음을 가르치고 내 팔로 안았음에도 내가 그들을 고치는 줄을 그들은 알지 못하였도다 내가 사람의 줄 곧 사랑의 줄로 그들을 이끌었고 그들에게 대하여 그 목에서 멍에를 벗기는 자 같이 되었으며 그들 앞에 먹을 것을 두었노라 그들은 애굽 땅으로 되돌아 가지 못하겠거늘 내게 돌아오기를 싫어하니 앗수르 사람이 그 임금이 될 것이라 칼이 그들의 성읍들을 치며 빗장을 깨뜨려 없이하리니 이는 그들의 계책으로 말미암음이니라 내 백성이 끝끝내 내게서 물러가나니 비록 그들을 불러 위에 계신 이에게로 돌아오라 할지라도 일어나는 자가 하나도 없도다 (호 11:1-7)

당시 이스라엘의 현실을 묘사하는 말씀인데, 심판을 자초하는 그들의 악행이 잘 드러나 있습니다. 에브라임은 열두 지파 중 하나로, 특별히 북 왕조 이스라엘을 대표하는 지파입니다. 아드마와 스보임은 소돔과 고모라가 멸망할 때 그곳에 같이 있던 평원의 성읍들입니다. 8절에서 이렇게 이어집니다.

에브라임이여 내가 어찌 너를 놓겠느냐 이스라엘이여 내가 어찌 너를 버리겠느냐 내가 어찌 너를 아드마 같이 놓겠느냐 어찌 너를 스보임 같이 두겠느냐 내 마음이 내 속에서 돌이키어 나의 긍휼이 온전히 불붙듯 하도다 내가 나의 맹렬한 진노를 나타내지 아니하며 내가 다시는 에브라임을 멸하지 아니하리니 이는 내가 하나님이요 사람이 아님이라 네 가운데 있는 거룩한 이니 진노함으로 네게 임하지 아니하리라 (호 11:8-9)

7절까지는 너희가 멸망을 자초했고 그래서 너희는 망한다는 말씀이었습니다. 그런 다음 뭐라고 하십니까? "내가 어찌 너희를 포기하겠느냐? 나는 하나님이다. 나는 사람이 아니다." 사람에게는 인과 관계를 넘어설 수 있는 수단이 없습니다. 인간은 잘못된 것을 돌이킬 능력이 없습니다. 그런데 죽으면 끝인 인생을 하나님이 예수 안에서 뒤집으셨습니다. 사망을 뒤집으셨습니다. 그렇기 때문에 우리에게는 절망이 있을 수 없는 것입니다. 이것이 기독교가 가지는 힘입니다. 이것이 하나님이 모든 역사와 개인의 인생에 개입하시는 방식입니다. 하나님은 그저 지켜보고만 계시는 것이 아니라 우리 현실에 뛰어들어 오셔서 우리와 씨름하십니다.

하나님은 구경만 하고 계시지 않습니다. 하나님은 욥이 어떻게 되나 두고 보기만 하지 않으십니다. 함께 계십니다. 필요한 시간만큼 기다리시고 필요한 시간만큼 말씀하시고 필요한 시간만큼 지켜보십니다. '내가 어찌 너를 아드마 같이 놓겠느냐 어찌 너를 스보임 같이 두겠느냐'(호 11:8)라고 하신 하나님입니다. 놓아두고 계신다고 생각되는 순간에도 지켜보고 계셨던 것입니다.

하나님이 가자고 하시는 데까지

하나님이 고난당하는 욥을 놔두신 것은, 욥이 어떻게 하나 보자는 뜻이 아니라 그것이 결국은 하나님의 뜻을 이루는 데 필요한 과정이었기 때문입니다. 하나님의 마음이 불붙은 것처럼 그를 붙들고 계셔서, 이제 막 불 위에서 끓기 시작한 냄비의 뚜껑을 여러 번 열어 보다가 마지막에 확 열어젖히듯이 폭풍우 속에서 욥에게 뛰어들어 오신 것이 욥기의 결말입니다.

시편 136편에 가 봅시다. 이 시편은 감사의 시입니다. "여호와께 감사하라 그는 선하시며 그 인자하심이 영원함이로다"라는 구절이 시 곳곳에 후렴처럼 반복됩니다. 23절을 보면 "우리를 비천한 가운데에서도 기억해 주신 이에게 감사하라 그 인자하심이 영원함이로다"라고 합니다. 이 구절을 욥기와 관련해서 생각해 보면, 우리를 비천한 가운데서 봐주셨다는 것만이 욥기의 주제는 아닙니다. 티끌과 재 가운데서 회개하여 낮은 자리에 처했다는 것이 아니라, 어떤 낮은 자리도 하나님이 함께하시면 영광의 자리라는 것입니다. 감수할 수 있다는 것입니다.

24절에서는 "우리를 우리의 대적에게서 건지신 이에게 감사하라 그 인자하심이 영원함이로다"라고 했는데, 여기서 대적은 누구입니까? 인간이 생각하는 최고의 적, 신자가 생각하는 최고의 적은 자폭과 타협입니다. 자폭과 타협은 하나님의 일하심과 능력과 지혜를 인간이 스스로 포기해 버리는 것입니다. 우리에게 최고의 원수입니다. 하나님이 얼마나 크고 얼마나 깊으신 분인지 몰라서 자폭하거나 타협하는 것입니다.

계속 회개만 반복하는 것도 자폭하는 모습 중 하나입니다. 회개했다는 것으로 안심하려는 것입니다. 그렇게 해서 고난과 이해할 수 없는 일들이 끝나기를 바라지 마십시오. 언제까지 울어야 하는지, 어디까지 이르러야 하는지 우리는 모릅니다. 하나님이 가자고 하시는 데까지 가야 합니다. 그가 폭풍우 속에 계시다는 사실을 기억하십시오. 그가 '나의 긍휼이 온전히 불붙듯 하도다'라고 말씀하신 것을 늘 기억하십시오. 그런 하나님이 함께하시는 하루하루를 우리가 사는 것입니다.

죽음과 폭풍의 자리에서 영광의 자리로

기독교 신앙의 위대함은 무엇입니까? 하나님입니다. 하나님을 믿는 '믿음' 자체가 위대한 것이 아니라 그 믿음의 대상인 '하나님'이 위대합니다. 믿는 우리가 아니라 하나님이 위대합니다. 우리를 사랑하시는 하나님, 우리에게 믿음의 관계를 요구하시는 하나님, 이것이 기독교의 위대함입니다. 그런데 우리는 언제나 우리 자신에게로 돌아옵니다. 은사를 이야기하다가도 자신의 우월함으로 돌아오고, 신앙을 이해하고 확인할 때도 냉정한 논리로 돌아와 남들을 판단합니다. 나와 다르면 구별하고 분리합니다. 신앙은 묶고 감싸는 것입니다. 하나님이 그런 자리로 우리를 부르셨습니다.

욥기의 결말도 묶고 감싸는 것으로 이루어집니다. 무엇을 통해서입니까? 고난을 통해서입니다. 욥기의 결론은 고난당하고 억울한 것을 다 보상받게 된다는 것이 아니라 고난으로만 이 영광스러운 자리에 이를 수 있다는 것입니다. 욥은 억울함을 경험했고, 세 친구들은 분명함만을 이야기했습니다. 누가 더 큽니까? 억울함을 경험한 욥이 분명함을 이야기한 그들보다 더 큽니다. 누가 누구를 감쌀 수 있습니까? 억울한 자가 분명한 자를 감쌀 수 있습니다.

자기를 내줌으로써 싸매는 것은 하나님의 방식입니다. 상대방을 무릎 꿇려 자기 소유로 삼는 방식이 아니라 자기를 내줌으로써 감싸안는 방식으로 하나님의 하나님 되심을 증명하신 것입니다. 기독교는 하나님이 예수를 십자가에 못 박아 그에게 죽음의 자리까지 가기를 요구하시고 그의 부활로 말미암아 우리가 영광을 얻게 되는 종교입니다. 여기까지 와야 세상을 이길 수 있습니다. 세상은 늘 우리에게 이렇게 저렇게 하면 안심할 수 있고 문제를 해결할 수 있고 자기를 증명해 보일 수 있다고 속입니다. 그러나 세상에는 답이 없습니다. 역사가 증명해 왔고 우리도 살면서 경험하고 있습니다. 기독교가 이것을 말하고 있습니다. 눈물을 흘리고 부둥켜안는 감성적인 이야기가 아니라 무시무시한 사실입니다.

욥기를 통해서 그리고 하나님이 지금까지 우리를 끌어와 살게 하신 구체적 현실을 통해서 확인하십시오. 성경이 제시하는 답을, 우리가 갖고 있는 증거를 예수 안에서 확인하십시오. 예수님은 하늘 보좌 우편에서 우리를 위하여 기도하시는 분임을 기억하고 승리하십시오. 자폭하지 말고 타협하지 마십시오. 쉽게 해결을 보려는 인생을 살지 마십시오. 하나님의 무시무시한 도전에, 폭풍우 속에서 나타나신 하나님의 열심에 순종하여 영광스러워지십시오. 아름답고 멋있고 찬란해지십시오. 하나님의 영광의 찬송이 되십시오.

질문하기

1.

인간의 상상과 기대를 뛰어넘는 창조 세계를 경험한 욥은 그제야 어떤 생각이 듭니까?

___

2.

하나님은 우리를 그저 지켜보고만 계시는 것이 아니라 어떻게 하십니까?

___

3.

기독교 신앙의 위대함은 무엇입니까?

___

나누기

분명함만으로는 해결할 수 없었던 일을 감싸안음으로 해결한 경험이 있다면 나누어 봅시다.

질문과 답

01 · 욥_ 하나님, 왜 나를 대적하십니까

1. 우리 모두에게 욥과 같은 고통이 있는 이유는 무엇입니까?

하나님이 우리를 쉽고 가벼운 존재로 목적하지 않으셨기 때문입니다. (12쪽)

2. 어떤 길을 통과해야 모든 사람 앞에 하나님의 자녀라는 영광을 가지게 됩니까?

예수 그리스도께서 하나님의 아들임에도 고난으로 순종함을 배워 온전하게 되는 길, 죽음을 통과해야만 이를 수 있는 부활의 승리가 기다리는 길. (16쪽)

3. 욥이 내몰린 자리는 어떤 자리입니까?

하나님 외에는 다른 답이 없음을 아는 자리. (17쪽)

02 · 빌닷_ 흠 없이 살면 되지 않느냐

1. 기독교 신앙이 세상의 윤리와 다른 점은 무엇입니까?

옳게 만드는 힘이 있다는 점. (23쪽)

2. 빌닷은 욥에게 뭐라고 조언합니까?

'악한 자들은 지구에서 떠나라. 욕먹을 짓 하지 말고, 오해받을 짓 하지 말고, 실패하지 말고, 늘 정당하게 살아서 누가 언제 뭐라고 하든지 떳떳한 사람이 되라.' (26쪽)

3. 달란트 비유에서, 한 달란트를 받은 자는 그가 맡은 돈보다 무엇을 우선해야 했습니까?

그 돈을 맡긴 주인과의 관계. (26쪽)

03 · 욥_ 현실에서는 악인이 형통하지 않더냐

1. 사탄이 한 '까닭 없이'라는 말을 설명해 봅시다.

'인과 관계의 법칙에서 원인에 해당하는 것들이 다 제거되더라도'라는 의미입니다. (32. 33쪽)

2. 믿음은 인과 관계로 설명되는 법칙이 아닌 무엇입니까?

인격과 인격이 만나 누리는 신뢰. (34쪽)

3. 하나님이 요구하시는 '정상화'를 설명해 봅시다.

하나님이 이미 기뻐하고 사랑하신 우리가 그의 창조의 영광이 되고 찬송이 되는 관계의 정상화입니다. (36쪽)

04 · 빌닷과 욥_ 하나님의 높으심을 달리 말하다

1. 하나님의 공의로우심과 무한하심을 우리로서는 어떤 한 단어에 담을 수 없기 때문에 하나님을 어떻게 부릅니까?

'거룩하신 하나님.' (45쪽)

2. 욥기 27장 1-2절에서 욥은 어떤 하나님을 두고 맹세합니까?

'나의 정당함을 물리치신 하나님, 나의 영혼을 괴롭게 하신 전능자'이신 하나님. (46쪽)

3. 하나님의 기가 막힌 지극하심 때문에 우리는 어떤 인생을 살게 되었습니까?

외로움, 간절함, 처절함, 비명, 실패, 막다른 곳에 다다른 절망 속에서 계속 그렇게 살아야 하는 막막한 삶. (51쪽)

05 · 욥_ 하나님에게 맡기고 사는 것이 지혜다

1. 욥은 억울함을 넘어서서 어떤 것을 깨닫는 자리까지 왔습니까?

고난을 잘 감수하는 것이 주를 경외하는 것이요, 지혜고 명철임을 깨닫는 자리. (58쪽)

2. '지혜'란 무엇인지 설명해 봅시다.

내 인생과 내가 속한 시대와 역사가 하나님의 손에 있으므로 하나님에게 맡기고 살아 나가는 것. (61쪽)

3. 욥은 세 친구들이 말하는 법칙, 진심, 하소연, 회개로 매듭짓는 신앙이 아니라 어떤 길로 나아가고 있습니까?

답 없는 길, 하나님의 응답이 들리지 않는 길. (63쪽)

06 · 엘리후_ 하나님은 너무도 분명하시다

1. 엘리후는 하나님의 궁극적인 뜻을 어떻게 잘못 이해하고 있습니까?

옳고 그름이라는 이분법의 기준으로만 이해하고 있습니다. (70쪽)

2. 엘리후에게 나뉘어 있던 성공과 실패, 생명과 사망이 누구 안에서는 묶여 있습니까?

예수. (73쪽)

3. 하나님의 영역에 안 걸리는 사람이 없는 이유는 무엇입니까?

하나님은 원칙에 매이지 않고, 무에서 유를 창조하시고, 죽은 자를 살리시고 없는 것을 있는 것으로 만들어 낼 수 있고 거꾸로 가는 것을 바로 가도록 뒤집을 수 있는 분이기 때문입니다. (75쪽)

07 · 하나님_ 너는 이것들을 알아야 한다

1. "너는 대장부처럼 허리를 묶고 내가 네게 묻는 것을 대답할지니라"(욥 38:3)라는 말씀에는 어떤 뜻이 담겨 있습니까?

'이것은 네가 당연히 알아야 하는 일이다. 너는 더욱 용감해야 하고, 더욱더 앞으로 나아가야 한다.' (82쪽)

2. 하나님은 욥이 이 창조 세계라는 무대의 배경이나 소품 정도가 아니라 무엇이라고 하십니까?

하나님이 따로 구별해 두신 주인공. (83쪽)

3. '그리스도 안에서 새 것이 되었다'라는 말은 무슨 뜻입니까?

그리스도 예수 안에서 새로운 존재, 새로운 인생, 새로운 세계가 되었다는 뜻입니다. (86쪽)

08 · 하나님_ 나는 폭풍같이 일하고 있다

1. 욥이 '하나님은 지금 제 현실에 부재하십니다'라고 탄원할 때 하나님이 하신 대답은 무엇입니까?

'네가 나를 없다고 해도, 나는 없을 수 없다. 나는 하나님이다. 나는 폭풍우 속에서 맹렬하게 있었다.' (93쪽)

2. 하나님은 넘쳐 나는 난폭함과 무질서를 간신히 막고 계시는 분이 아닙니다. 하나님이 바다에게 명령할 때 무슨 일이 벌어집니까?

바다가 육지로 넘어오지 못합니다. (94쪽)

3. '하나님은 인과 법칙에 따라서만 일하신다'는 세 친구와 엘리후의 말을 하나님은 어떻게 하십니까?

'그렇지 않다'는 대답으로 날려 버리십니다. (99, 100쪽)

09 · 욥_ 이 자리에서 하나님이 일하십니다

1. 욥이 지금껏 이해하고 확인하고 상상했던 세계를 넘어서게 하기 위해 하나님이 보여 주신 증거는 무엇입니까?

자연. (105쪽)

2. 티끌과 재 가운데서 회개한다는 것은 무슨 뜻입니까?

'티끌과 재도 가치가 있다. 그 자리에서 일어설 수 있다. 내가 티끌이고 재에 불과하다고 하더라도 상관없다.' (106쪽)

3. 하나님이 욥에게 창조 세계를 보여 주시는 까닭은 무엇입니까?

그를 통치자의 자리로 부르셨기 때문입니다. (109쪽)

10 · 고난_ 하나님의 축복

1. 욥기의 중요한 소재는 무엇입니까?

하나님의 임재와 부재 사이의 혼란과 그 불가해함. (114쪽)

2. 고난당하는 욥은 하나님의 창조 세계를 보면서 무엇을 깨닫습니까?

설마 하나님의 영역 안에 있을 거라고 생각하지 못했던 것까지도 하나님의 영역 안에 있었다는 것. (116쪽)

3. 순종과 불순종의 울타리 안에 있는 모두에게 주어지는 것은 무엇인가요?

모두의 입을 다물게 하는 기독교의 복음. (118쪽)

11 · 고난_ 세상과 다른 기독교의 길

1. 인간의 상상과 기대를 뛰어넘는 창조 세계를 경험한 욥은 그제야 어떤 생각이 듭니까?

하나님이 하시는 일이라면 아무래도 좋다는 생각. (125쪽)

2. 하나님은 우리를 그저 지켜보고만 계시는 것이 아니라 어떻게 하십니까?

우리 현실에 뛰어들어 오셔서 우리와 씨름하십니다. (128쪽)

3. 기독교 신앙의 위대함은 무엇입니까?

민음의 대상인 하나님. (130쪽)